国家社会科学基金重大项目"高铁快速发展背景下区域经济协调发展及相关政策研究（11&ZD159）"阶段性成果

多极网络空间发展格局

引领中国区域经济2020

覃成林 贾善铭 杨 霞 种照辉 著

中国社会科学出版社

图书在版编目（CIP）数据

多极网络空间发展格局：引领中国区域经济 2020/覃成林
等著. —北京：中国社会科学出版社，2016.12
ISBN 978 - 7 - 5161 - 9273 - 3

Ⅰ.①多…　Ⅱ.①覃…　Ⅲ.①区域经济发展—研究—中国
Ⅳ.①F127

中国版本图书馆 CIP 数据核字（2016）第 270787 号

出 版 人	赵剑英	
责任编辑	李庆红	
责任校对	周晓东	
责任印制	王　超	

出　　　版	中国社会科学出版社	
社　　　址	北京鼓楼西大街甲 158 号	
邮　　　编	100720	
网　　　址	http://www.csspw.cn	
发 行 部	010 - 84083685	
门 市 部	010 - 84029450	
经　　　销	新华书店及其他书店	

印　　　刷	北京君升印刷有限公司	
装　　　订	廊坊市广阳区广增装订厂	
版　　　次	2016 年 12 月第 1 版	
印　　　次	2016 年 12 月第 1 次印刷	

开　　　本	710×1000　1/16	
印　　　张	15.75	
插　　　页	2	
字　　　数	143 千字	
定　　　价	78.00 元	

2020 年是实现中华民族伟大复兴"两个一百年奋斗目标"中的第一个目标实现年。届时，我国将全面建成小康社会。为了实现这个宏伟目标，我国需要创新区域经济发展战略，构建有利于全面建成小康社会的区域经济发展新格局。在"十三五"及未来的发展中，在国家层面，需要构建多极网络空间发展格局，在全国范围内形成多极支撑、轴带衔接、网络关联、极区互动、充满活力的区域经济发展新格局，促进全国区域经济走向相对平衡、协调发展的新阶段，为全面建成小康社会提供强大支撑。

目　录

第三篇 迎接 2020：推动形成多极网络空间发展格局

图目录

表目录

第一篇

迈向 2020：中国区域经济
格局大变革的新动力

当前，我国经济发展总体上处于结构调整和转型升级时期。全国区域经济格局将随之发生重大变革。引起这种大变革的动力来自中国重回世界经济中心地位，中国正在大力实施的"一带一路"战略、京津冀协同发展战略和长江经济带发展战略新三大战略，中国经济的区域接力增长态势，以及区域经济联系网络化四个方面（见图1）。

图1　影响中国区域经济格局变化的新动力

一 中国重回世界经济中心地位

与世界的经济联系是影响中国区域经济格局变迁的一个重要因素。

自秦统一中国，经汉唐的发展，中国成为当时世界的经济中心之一，这个地位一直延续到明末清初。在此期间，中国的经济发展水平总体上领先于世界。中国与东亚的经济联系长期保持着中心—外围的特征。中国与东亚之外世界其他地方的经济联系则表现为多中心之间的联系。无论从陆上丝绸之路来看，还是从海上丝绸之路的历史来看，中国在当时世界的多中心格局中占有更高的地位。在这长达2000多年的时期里，中国长期居于世界经济中心的地位，其与世界的经济联系总体上以溢出为主。从区域经济的角度看，支撑中国作为世界经济中心的区域大体上是黄河流域的关中地区、中原及山东半岛、长江中下游地区和四川盆地。对于长江中下游而言，尤以下游地区为重（见图2）。

以1840年中英鸦片战争为重要标志，中国在世界经济格局中的地位发生了根本性的逆转，从原来的经济中心坠落到外围。大体上，这种状态一直持续到21世纪初。在此期间，中国与作为世界经济中心的欧美国家之间的经济联系主要依靠海运，因此，沿海的长三角、珠三角，以及环渤海地区成为中国的重要经济区域（见图 2）。在全国区域经济格局中，沿海与内地成为最主要的空间组织架构。特别是始于 20 世纪 80 年代的对外开放，极大地推动了珠三角、长三角的持续快速发展，先后成为引领全国经济发展的增长极。

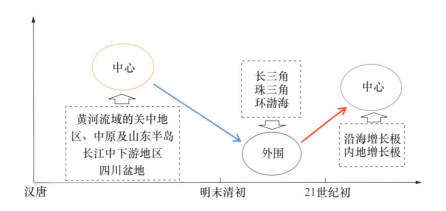

图 2　中国在世界经济格局中的地位及对应的支撑区域变化

进入 21 世纪，中国逐渐发展成为世界工厂，经济实力不断增强。在 2010 年，中国超越日本而成为世界第二大经济体。至此，从经济总量上看，中国重新确立了作为世界经济中心的地位。在"十三五"及未来的发展中，如何进一步增大经济实力、提升经济竞争力，是中国巩固和提高作为世界经济中心地位所必须面对的问题。从经济能量看，尽管沿海发达地区仍将在较长时期内居于全国区域经济的领先地位，但是，仅依靠沿海发达地区是不能满足中国作为世界经济中心的发展需求的。中国需要更加积极地在内地培育新的增长极，从而进一步释放更多国土空间的开发潜力。如此，方能显著提升作为世界经济中心的综合实力（见图2）。这既是中国巩固世界经济中心地位的需要，也是中国作为世界经济中心发展的必然。

二　新三大战略

目前，我国正在大力实施"一带一路"战略，以及长江经济带建设、京津冀协同发展两大新的区域战略。新三大战略的实施将引致中国区域经济空间坐标发生新的变化。

首先，"一带一路"战略是中国主动应对国际金融危机冲击，依托强大的经济实力重塑与世界经济联系的全局性、战略性抉择。这是中国在新时期的一个全球战略。在其影响下，将出现由中国重回世界经济中心所推动的新一轮全球化。丝绸之路经济带和21世纪海上丝绸之路将是中国撬动世界经济格局的两个重要杠杆。这两个杠杆将显著地增强国内区域经济与世界经济的互动，从而引发国内区域经济格局发生相应的变化。突出表现在，中国与世界的经济联系轴将由近代以来单一的海上联系轴转变为向东牵引的海上联系轴与向西牵引的陆上联系轴并存的局面。近年来，"渝新欧""汉新欧""郑新欧""西新欧""蓉欧快铁"，以及"义新欧""粤新欧""粤满俄"货运专线等由陆路通往欧洲的直达铁路运输线相继开通，意味着向西的陆上联系轴正在形成之中。2015 年，全国共开行中欧班列 815 列，同比增长了 165%。2016 年 4 月 14 日，从广东东莞途经俄罗斯、白俄罗斯和波兰，至德国杜伊斯堡的货运班列开通。同年的 4 月 30 日，山东临沂经新疆喀什至巴基斯坦瓜达尔港的公铁联运货运班列也开通运行。这表明，不仅是内地，甚至连沿海地区也加入了向西的陆上联系轴的构建。由此观之，中国似乎又在重现汉、唐、元时代陆上联系轴与海上联系轴双向联通世界的局面。这个新趋势将对近代以来日益固化的沿海与内地二元空间组织架构产生有力的冲击。内地不仅会因向西的陆上联系轴的建设而获得更多的开放发展机遇，彻底改变改革开放以来处于与世界联系的"边缘"地位，也会加强与沿海的互动。值得一提的是，在国家发展改革委、外交部、商务部联合发布的《推动共建丝绸之路经济带和 21 世纪海上丝绸之路的愿景与行动》中，内地的对外开放地位得到空前提高。西北、东北和西南地区的对外开放有了新的总体安排，特别是重庆、成都、西安、郑州、武汉、长沙、南昌等地被确定为开放型经济高地。可以预见，"一带一路"建设必将为内地的开放和经济发展注入强大的动力。

特别是，以"一带一路"为载体，由中国积极倡导和推进的这次新全球化,是以基础设施建设为先导,以产业合作、互利贸易、共同发展为特点的。那么,支撑这个新全球化,就需要中国拥有更加强大的经济实力。而这种实力仅依靠沿海发达地区是远远不够的,必须在内地培育出新的国家增长极,进而依托这些增长极激活中国广大内地的发展潜力。

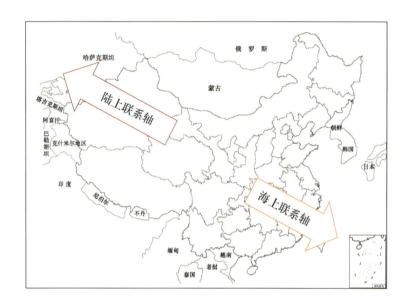

图3　"一带一路"战略引起的中国与世界经济联系轴向变化

其次,京津冀协同发展战略的实施不仅会破解长期困扰京津冀区域合作的诸多难题,使之形成发展合力,还将推动我国环渤海地区真正进入加快发展的新时期。这就意味着,在我国东部沿海地区,继20世纪80—90年代先后形成的珠三角增长极和长三角增长极之后,沿海增长极的生长轨迹已经由南向北延伸至环渤海地区。至此，我国东部沿海地区的三大增长极格局将指日可待。该空间格局的形成，必将逐步改变我国东部地区南强北弱的局面，并对华北和东北地区的经济发展产生广泛而积极的影响。

最后，长江经济带发展战略的实施，除了能够串联起长三角、长江中游地区及上游地区，推动长江全流域协调互动发展之外，也预示着我国以轴线为主干链接中国国土空间的时代的到来。一方面，内地部分有条件、有基础的区域将依托轴线建设，抓住东部发达地区的要素溢出和产业转移机遇，大力开发本地资源和要素潜力，构建现代产业结构，进入加快发展的轨道。近年来，长江中游地区的武汉城市群、长株潭城市群、环鄱阳湖城市群均呈现出快速发展的势头。而且，不同城市群之间又呈现出相互连接，形成所谓"中三角"大城市群的趋势。成渝城市群的发展亦是如此。另一方面，东西向的轴线建设预示着东部发达地区与中西部发展中地区之间的联系和发展互动将显著增强，一体化的进程将随之展开。总体上看，"十三五"及未来，发展轴建设将成为全国区域经济空间坐标中的重要组织元素。东西向和南北向的发展轴将决定全国区域经济空间组织网络的基本格局，同时，也必将为内地国家增长极的形成与快速发展创造条件。

三　区域接力增长

中国经济正在经历一个影响广泛的区域接力增长过程。所谓区域接力增长是指一个经济体内不同区域的经济快速增长阶段递次发生且彼此衔接，从而使该经济体得以保持经济持续快速增长的现象。中国经济的区域接力增长大约发生在2001年，并不是在人们印象中的国际金融危机之后（参见图4）。从生产率来看，内地的生产率在2001年之后已经高于沿海地区。在东部、中部、西部和东北四大区域中，也是从2001年开始的，东部地区的生产率开始低于其他三个区域（参见图5）。由此可以判断，早在2001年之后，东部地区作为支撑全国经济持续快速增长的主要区域的地位已经开始逐步让位于内地。这说明，在改革开放以来至21世纪初所对应的技术及体制条件下，东部地区的增长潜力已经逐渐释放完毕，进入了增速减缓和结构调整阶段。而内地部分省区市经过长期的积累，已经进入了经济快速增长的阶段，从而使得内地的生产率总体上逐渐超越东部地区。

图 4　1979—2007 年沿海与内地生产率变化

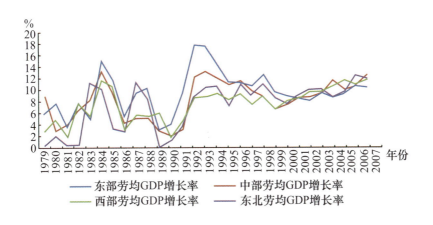

图 5　1979—2007 年四大区域生产率变化

　　2007 年爆发的国际金融危机导致国际市场需求出现大幅度下降。这个外部冲击使得东部地区增速减缓和结构调整的特征更加凸显。内地进入了快速增长阶段的部分省区市虽然其经济增长也受此冲击而出现不可抗拒的下降，但是，相比于东部地区，仍然保持了较高的增速。如表 1 所示，在 2007 年全国 GDP

增速排名前 10 位的省区市中，东部地区有海南、天津、上海和福建。到 2015 年，在全国 GDP 增速排名前 10 位的省区市中，东部地区仅剩天津和福建。而在 GDP 增速排名的后 10 位省区市中，东部地区的辽宁、河北、上海、北京和海南在列，占了一半。

表1   2007 年和 2015 年全国 GDP 增速前 10 位省区市

省区市	2007 年	备注	省区市	2015 年	备注
内蒙古	19.2%		重庆	11.0%	
吉林	16.1%		西藏	11.0%	
山西	15.9%		贵州	10.7%	
重庆	15.9%		天津	9.3%	
海南	15.8%	东部地区有 4 个省市	江西	9.1%	东部地区仅 2 个省市
陕西	15.8%		福建	9.0%	
天津	15.5%		湖北	8.9%	
上海	15.2%		安徽	8.7%	
福建	15.2%		云南	8.7%	
广西	15.1%		湖南	8.6%	

当前，东部地区与其他三大地区之间的区域接力增长仍在进行之中。这意味着，自改革开放以来，全国经济增长主要依赖于东部发达地区的格局正在发生重大的变化，支撑全国经济增长的主要区域在增多。总体而言，成渝地区、长江中游地区、中原地区、关中地区等经济保持了较好的增长趋势，对全国经

济增长的贡献不断增大，极有可能发展成为支撑全国经济持续增长的主要区域。还有一类区域也是值得重视的，这类区域正在进入快速增长阶段，保持了较高的经济增速，如贵州、西藏等。由于总量规模小，这类区域虽然难以在短期内对全国经济增长有重大贡献，但是，从长期来看，它们的崛起对于改变全国区域经济发展不平衡的格局是有积极作用的。

在"十三五"期间，国家应该主动利用区域接力增长趋势，一方面对内地已经进入经济快速增长阶段的区域给予必要的政策支持，使其能够增强抵御世界经济深度调整、市场不稳定和增长复苏乏力等外部冲击的能力，继续保持较快的增长速度。并在其中选择经济增长条件和基础好、潜力大的区域，将其作为新的区域经济增长极进行重点培育。另一方面对于已经进入增速减缓和结构调整的区域，要积极支持其把结构升级放在首位，以便抓住国际和国内经济结构大调整的有利时机，顺利地完成结构转换。为此，国家需要在政策选择上毅然放弃自改革开放以来所形成的全国经济增长对东部发达地区的依赖，针对东部沿海地区实行以调结构和转型升级为导向的区域政策，而对内地进入快速增长阶段的区域则施以支持其保持快速增长持续性的区域政策。

四 区域经济联系网络化

随着现代交通网络、信息网络，以及企业空间组织网络的发展，我国区域经济联系已经进入了网络化时代。这种网络化的联系正在改变由行政隶属关系和层级关系所决定的区域间经济联系体系，一种平行联系与层级联系并存、超越行政隶属关系的联系与以行政隶属关系为基础的联系并存、联系方向多样化及跨越层次联系等复杂的区域经济联系格局已基本形成，并将日益增强（参见图6）。

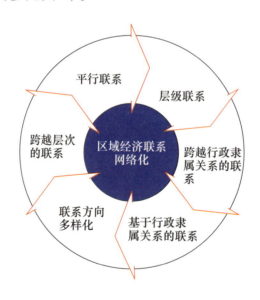

图6 区域经济联系网络化

快速交通网络的发展是推动区域经济联系网络化的一个重要因素。首先，高速铁路网络的快速发展对区域经济联系网络化产生了划时代的推动作用。到 2015 年年底，全国高速铁路的运营里程达到了 1.9 万公里。高速铁路已经通达我国大陆地区的 28 个省区市。以高速铁路为主干的快速客运网已基本覆盖我国大陆 50 万以上人口的城市。其次，航空网络的覆盖面和密度在进一步增大，显著地改变了大空间跨度及边缘区域与中心区域的联系格局。在"十二五"期间，全国颁证运输机场增加了 31 个，共 206 个；国内航线增加了 765 条，共有 2428 条；国际航线增加 361 条，共有 663 条。借助于航空网络，全国所有省级以上城市可以实现快速直达，通航的地级城市可以与省会（或自治区首府）等实现直通，尤其是部分偏远区域可以借此快速接入全国的经济网络，从而改变了游离于全国经济发展主流进程之外的边缘状态。最后，高速公路网络以其巨大的网络覆盖优势和灵活的连接方式使区域之间的经济联系更加密切。目前，全国的高速公路通车里程达到了 12 万公里，基本覆盖了 400 多个人口在 20 万以上的城市，已经初步形成了全国的高速公路网络。其中，东部地区和中部地区的高速公路网络基本形成，西部地区也已经建成了高速公路网络主体。值得期待的是，根据国家"十三五"规划，到 2020 年，全国的高速铁路营运里程将达到 3 万公里，高速铁路网络将覆盖 80% 以上的大城市；还将新增机场 50 个以上，将新建和改建高速公路通车里程 3 万公里，高速公路网络将连接所有人口在 20 万以上的城市。

信息网络的快速发展是推动区域经济联系网络化的另一个重要因素。2015 年，我国已建成全球最大的 4G 网络，互联网普及率接近 50%，手机上网用户超过 9 亿户，互联网宽带接入用户超过 2 亿户，其中，光纤宽带用户达 54%。而且，在"十三五"期间，我国将实现城乡宽带网全覆盖。特别值得注意的是，信息网络把更广阔的区域空间紧密地联系起来，使越来越多处于经济空间边缘的区域进入了全国乃至世界的经济联系网络之中。同时，"互联网＋"正在通过电子商务及催生新的产业业态等方式，深刻地改变着区域之间的产业分工，使区域产业联系更加复杂化。

企业空间组织网络在区域经济联系中正在发挥越来越重要的作用。从企业空间组织网络本身看，金融、物流、信息、能源等领域的企业空间组织网络发展最快，其次是零售和部分制造业企业的空间组织网络。这些企业空间组织网络是区域之间建立稳定的网络化经济联系的重要载体。

在快速交通网络、信息网络、企业空间组织网络之间存在着相互促进的关系，从而进一步增大了推动区域经济联系网络化的力量。可以预见，随着这 3 种网络的发展，全国区域经济联系网络的规模、覆盖空间、复杂性等都将显著的增大，区域之间的互动发展必将增强，促使网络化成为我国未来区域经济发展格局的一个重要趋势和特征。

第二篇

引领2020：多极网络空间发展格局

拓展区域发展新空间是"十三五"及未来我国顺利实现经济结构转型升级、转换经济发展动力、开启新的发展轨迹的重要途径之一。

　　当前，区域发展不平衡仍然是制约我国经济协调发展的一个重大的全局性问题。虽然从 20 世纪末开始，我国对改革开放以来实施的东部地区优先发展战略进行了主动调整，先后实施了西部大开发战略、振兴东北地区等老工业基地战略和促进中部地区崛起战略，形成了以四大区域为主体的区域发展总体战略，但时至今日并未从根本上改变源自近代的沿海与内地核心—边缘式空间组织架构。全国经济活动主要集聚在东部沿海发达地区，尤其是长三角、珠三角和京津地区。全国区域经济增长极偏集于沿海地区的格局仍未获得实质性的改变。因此，如何顺应和积极利用中国重回世界经济中心地位、国家实施新三大战略、区域接力增长、区域经济联系网络化等所带来的新变化，按照拓展区域发展新空间的总体要求，构建新的区域经济空间发展格局，是摆在我们面前的一项非常重要的战略任务。

一 总体构想

综合考虑我国当前的区域经济发展格局、区域经济发展的国内外环境变化、拓展区域发展新空间和促进区域经济协调发展的要求，以及各区域的发展条件和基础，我们提出，在"十三五"期间，我国应规划和建设多极网络空间发展格局。这个多极网络空间发展格局由七大国家增长极、八大国家发展轴和三大经济联系网络有序组合而成（参见图7）。这里，所谓"国家增长极"或"国家发展轴"是指增长极或发展轴的功能及影响具有全国意义，亦即其存在和变化能够引起全国区域经济发展格局发生重大的改变。三大经济联系网络包括快速交通网络、信息网络和企业空间组织网络。其中，快速交通网络由高速铁路、航空线路和高速公路组成，信息网络主要是指通信网络和互联网，企业空间组织网络主要是金融、物流、信息、能源、零售及部分制造业企业建立的跨区域组织网络。需要说明的是，考虑到规划实施所涉及的范围，我们提出的这个多极网络空间发展格局暂未包括港澳台地区。

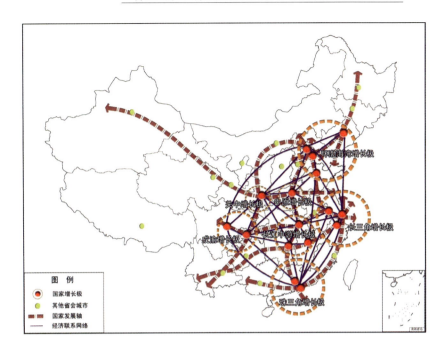

图7　多极网络空间发展格局

具体而言，多极网络空间发展格局包括以下三大组成部分：

（一）七大国家增长极

国家增长极是全国区域经济发展的组织中心。对于全国的区域经济发展总体空间而言，每一个国家增长极就是这个总体空间的重要支点。但是，受空间距离衰减规律的制约，在一定的交通、信息条件下，每一个国家增长极的辐射影响范围是有限的。因此，为了使全国区域经济发展总体空间趋于相对平衡，改变当前国家增长极偏集于沿海的状态，就需要在内地选择和培育若干国家增长极。

根据增长极形成与发展所需要的条件，结合发展基础及各大经济区域对增长极的需求，我们提出，在"十三五"及未来，我国应该规划和建设七大国家增长极。按照由南向北、由东至西的顺序，这七大国家增长极分别是珠三角增长极、长三角增长极、环渤海增长极、长江中游增长极、中原增长极、成渝增长极、关中增长极。其中，环渤海增长极包括京津冀、山东半岛和辽中南，长江中游增长极包括武汉城市群、长株潭城市群和环鄱阳湖城市群。

七大国家增长极的空间组织功能分别是：珠三角增长极主要服务于华南及西南的部分地区，长三角增长极主要服务于华东地区，环渤海增长极主要服务于华北和东北地区，长江中游增长极主要服务于湖北、湖南、江西等地区，中原增长极主要服务于河南及周边地区，成渝增长极主要服务于西南地区，关中增长极主要服务于西北地区（参见图8）。但不可否认的是，相邻的增长极之间将不可避免地存在服务区域的交叉。

这些增长极的基本形态是城市群。从结构上看，七大国家增长极各有其特点（参见表2）。珠三角增长极是双核结构，广州和深圳是这个增长极的核心。长三角增长极是一主二副的三核结构，上海是最大的核心，南京和杭州是两个实力相当却次于上海的核心。环渤海增长极呈现出一个一主二副的三元结构，京津冀是最主要的一元，山东半岛和辽中南分别是两个次级的单

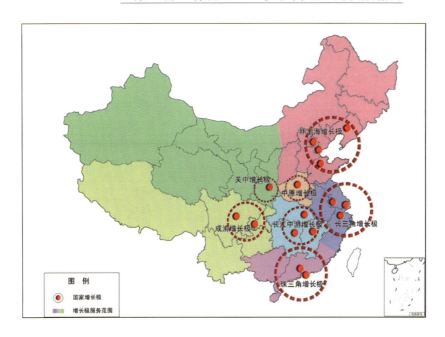

图8 七大国家增长极分布及主要服务区域

元。在京津冀内部则存在由北京和天津组成的双核，在山东半
岛存在由济南和青岛组成的双核，在辽中南存在由沈阳和大连
组成的双核。长江中游增长极也是一个一主二副的三元结构。
其中，武汉城市群是最主要的一元，长株潭城市群和环鄱阳湖
城市群分别是两个次级的单元。从核心数量看，武汉城市群是
一个由武汉主导的单核心结构，长株潭城市群则是一个三核心
结构，环鄱阳湖城市群则是由南昌和九江构成的双核心结构。
中原增长极总体上是由郑州市主导的单核心结构。成渝增长极
是由重庆和成都组成的典型双核心结构。关中增长极是由西安
主导的单核心结构。

表2   七大国家增长极构成及功能

增长极	构成	结构特点	主要服务区域
珠三角增长极	珠三角城市群	双核心	华南及西南
长三角增长极	长三角城市群	一主二副三核心	华东
环渤海增长极	京津冀、山东半岛、辽中南	一主二副三元	华北和东北
长江中游增长极	武汉城市群、长株潭城市群、环鄱阳湖城市群	一主二副三元	长江中游
中原增长极	中原城市群	单核心	中原
成渝增长极	成渝城市群	双核心	西南
关中增长极	关中城市群	单核心	西北

（二）八大国家发展轴

发展轴是连接区域经济空间单元的纽带，是引导要素空间流动和产业空间分布、扩散增长极经济能量的主通道，也是仅次于国家增长极的经济活动主要集聚空间。20世纪80年代，我国就曾尝试建设长江、陇海—兰新等发展轴，但迄今为止，成效并不明显。其中的一个重要原因，就是受交通条件的限制，在所规划的发展轴上城市之间的辐射范围或者市场区不连接，所谓的发展轴实际上是呈断裂状态的。因此，当时规划建设的所谓的发展轴在经济联系上并没有真正地成为一个整体。近年来，高速铁路的快速发展为从根本上解决这个问题提供了必要的条件。按照高速铁路当前300公里/小时或200公里/小时的实际运行速度，高速铁路干线上的不同等级城市的辐射范围（或者市场区）均可依据1小时、2小时、3小时进行无缝连接或者发生重叠。如果未来高速铁路运行时速恢复到350公里/小时或250公里/小时的设计时速，则沿线城市之间的辐射范围（或者市场区）的交叉重叠将更加普遍。同时，高速铁路公交化的密集运行模式也使得人员流动更加便捷和频繁，相关的要素流动规模也将随之增大，产业扩散的空间范围也会随之增大。另外，高速铁路作为一种新的运输方式，其所带来的强有力的竞争，将迫使航空和高速公路运输加快发展，并与高速铁路逐渐形成近距离、中远距离、远距离的客货运输分工和互补，从而大大增强了高速铁路沿线区域的综合快速交通能力。这就意味着，在高速铁路的推动下，我国真正迎来了发展轴建设的好时机。

依据全国高速铁路干线分布、连接七大国家增长极和各大经济区域的需要，并考虑到对全国区域经济发展空间的覆盖，我们提出，在多极网络空间发展格局中需要规划和建设"四横四纵"八大国家发展轴（参见图9）。按照发展轴的基本走向及其重要性，横向发展轴分别是长江发展轴、陇海—兰新发展轴、东南沿海发展轴、沪昆发展轴；纵向发展轴分别是京沪发展轴、京广发展轴、京津—沈哈发展轴、京津—包昆发展轴。这八大国家发展轴横贯东西、纵贯南北，经纬交织，把七大国家增长极紧密地连接在一起，共同形成全国区域经济联系网络的主体架构，将从根本上塑造"十三五"时期全国区域经济新的空间格局（参见表3、图10）。

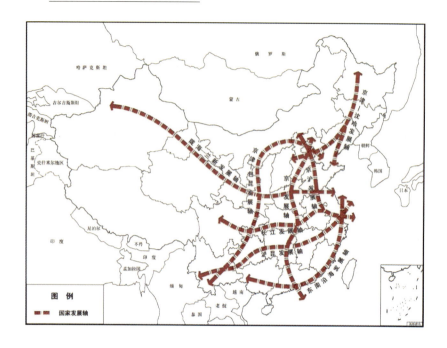

图9 "四横四纵"八大国家发展轴

表3 八大国家发展轴与七大国家增长极的组合关系

	珠三角增长极	长三角增长极	环渤海增长极	长江中游增长极	中原增长极	成渝增长极	关中增长极
长江发展轴		🔴		🔴		🔴	
陇海—兰新发展轴					🟡		🟡
东南沿海发展轴	🔵	🔵					
沪昆发展轴		🟢		🟢			
京沪发展轴		🔵	🔵				
京广发展轴	🟣		🟣	🟣	🟣		
京津—沈哈发展轴		⚪					
京津—包昆发展轴		🟠				🟠	🟠

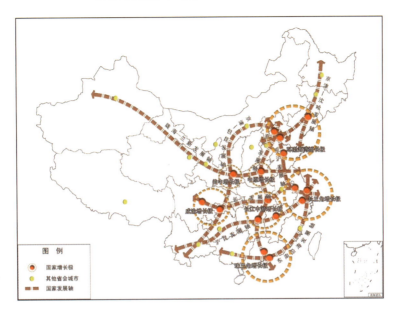

图 10 八大国家发展轴与七大国家增长极的关系

（三）三大经济联系网络

在多极网络空间发展格局中，经济联系网络的功能在于，连接国家增长极和国家发展轴，以及大经济区域，使之成为一个联系紧密的有机整体。经济联系网络与国家增长极、国家发展轴之间存在着相互依赖的互动关系。七大国家增长极是多极网络空间格局的动力源，通过八大国家发展轴把七大国家增长极连接在一起，共同构造多极网络空间发展格局的主体框架。而经济联系网络一方面依托国家增长极和国家发展轴进行生长。换言之，国家增长极和国家发展轴的发展衍生出经济联系网络，并推动经济联系网络不断地发育。另一方面经济联系网络又通过连接广大的经济区域，为国家增长极和国家发展轴输入要素和经济活动,编织市场区,促进其发展。

从构建多极网络空间发展格局的需要看,我们提出,构建经济联系网络重点在以下几个方面。

其一,进一步加强快速交通网络建设。主要是继续加快高速铁路网络建设,包括重点建成七大国家增长极内部的城际轨道交通网络,建成沿八大国家发展轴的高速铁路主干网,并且依托主干网,向中西部地区进一步延伸,扩大网络的空间覆盖范围。在航空网络方面,除了进一步提升七大国家增长极之间的航空线路密度外,重点要开辟或增加非高速铁路沿线城市的航空线路。高速公路网络一方面要实现高速公路县县通,另一方面要增大经济发达区域的网络密度,尤其是增大七大国家增长极内部和八大国家发展轴沿线的网络密度。同时,要以七大国家增长极和八大国家发展轴上的主要节点城市为重点,规划建设集高速铁路、航空和高速公路为一体的综合快速交通枢纽,形成综合快速交通网络的运营中心。

其二,进一步加强信息网络基础设施建设和提升信息服务水平。主要是大力推进全光网建设,高标准建成覆盖全国的高速宽带、4G 网络、5G 网络、IPv6 网络等网络基础设施。在七大国家增长极和八大国家发展轴区域内,建成达到发达国家水平的信息网络基础设施,超前布局下一代互联网,率先建成下一代互联网示范城市。同时,大力推进中西部地区的信息网络建设，以中小城镇和乡村为重点，扩大信息网络覆盖范围，缩小与发达地区的信息网络水平差距。抓住国家推动"互联网＋"的机遇，加快发展电子商务网络和互联网购物网络，使互联网交易网络成为以信息网络为基础的重要经济联系网络。此外，要大力提升信息服务水平，包括大幅度降低信息网络服务资费，显著提高信息网络的家庭普及率；依靠制度改革和创新，尽快推动政府和平台类服务企业的信息开放，丰富信息资源，加快信息流动，促进信息资源被更广泛、更高效地利用。

其三，通过改革和制度创新，为企业空间组织网络发展创造适宜的条件。企业跨区域扩张，由此形成企业内部或者是企业合作的空间组织网络，是企业网络化发展的一种趋势，是企业的自发行为。由于企业空间组织网络相对稳定和紧密，因而有利于增强区域之间的经济联系。从构建多极网络空间发展格局的需要看，如果能够增强企业空间组织网络，则有利于加强区域之间的经济联系。企业在构造空间组织网络时，有可能会遇到来自行政区域边界和政府市场管理上的一些政策干扰。因此，需要通过改革和制度创新，为企业建立空间组织网络创造适宜的条件。

（四）多极网络空间发展格局的战略意义

规划和建设上述由七大国家增长极、八大国家发展轴和三大经济联系网络构成的多极网络空间发展格局，具有以下重要的战略意义。

第一，能够拓展区域经济发展新空间。在内地规划和建设长江中游增长极、中原增长极、成渝增长极和关中增长极，能够显著地拓展全国区域经济发展的空间前沿，分别为长江中游、中原、西南、西北等大经济区域配置了加快经济发展的强大引擎，必将释放出这些区域自改革开放以来所积累的巨大发展潜力。在全国范围内，规划和建设"四横四纵"八大国家发展轴，可以从总体上把七大国家增长极和各大经济区域紧密地连接在一起，促进交流与互动，从而激发出新的发展活力。同时，配合以三大经济联系网络，则可以把过去处于发展外围甚至边缘的区域拉入全国区域经济发展的主流之中，从而使分布于辽阔国土上的各种资源、产业、城镇依托网络而最大限度地发挥其作用，并在相互交流与合作中释放出推动全国经济发展的巨大动能。

第二，能够促进区域经济协调发展。当前，四大区域战略的着眼点主要是分别解决各自所对应的区域发展问题，而较少涉及它们之间的联系。因此，尽管这些战略对于东部地区、西部地区、东北地区、中部地区的经济发展产生了不同程度的积极影响，但是，全国范围内的区域发展不协调问题仍然突出。规划和建设多极网络空间发展格局，一方面可以显著地改变当前国家增长极偏集于东部地区的状态，通过在内地规划和建设四大国家增长极，可以增加全国区域经济发展空间的支点，为形成相对平衡的区域经济发展格局提供强有力的支撑；另一方面，"四横四纵"八大国家发展轴和三大经济联系网络共同决定了以七大国家增长极为主导的区域经济联系，必将引导形成有利于要素合理流动、产业有序转移、区域合理分工的全国区域经济空间组织秩序，为区域经济协调发展提供空间组织保障。

第三，能够推动区域共享发展。共享发展是国家"十三五"规划提出的五大新发展理念之一。如何实现区域共享发展，是共享发展所要解决的一个重要问题。规划和建设多极网络空间发展格局，可以把更多的发展中区域、贫困地区及广大的乡村融入全国的现代化进程中，增大它们的发展机遇，同时，可以使七大国家增长极的经济能量借助于八大国家发展轴和三大经济联系网络更有效地辐射到这些区域，带动它们加快发展，从而达到推动区域共享发展的效果。

此外，我们必须强调，规划和建设多极网络空间发展格局的战略意义不仅限于区域经济方面，而且，对于在区域层面培育全国经济发展的新动力，拓展全国经济发展的新空间，推动全国经济转型和升级等将发挥出不可替代的巨大作用。

二　重点建设七大国家增长极

（一）国家增长极的选择

国家增长极主要有两个功能：一是组织和带动周边区域经

济发展；二是作为全国区域经济发展格局的战略支点，支撑和引领全国区域经济发展。因此，国家增长极必然是经济活动和人口高度集聚、充满发展活力的经济空间。这种经济空间大体相当于能够对大经济区域和全国经济发展产生重要影响的城市群。于是，可以参考识别城市群的思路来选择国家增长极。我们选择从城市经济功能角度入手。首先，以城市为基本的观察单元，利用规模加权经济增长率①指标，从规模和效率两个方面，分析各个城市在全国经济发展中的地位，由此确定对全国经济发展有重要影响的城市集合。这些城市暂称之为重要城市。然后，在这个重要城市集合中，依据其空间分布和集聚关系，确定出若干对全国经济发展有重要影响的城市群的基本范围。进一步，根据空间分布的连续性要求和区域经济发展战略的需要，对所确定的这些城市群组成城市做必要的调整。最后，将经过调整后的这些城市群作为国家增长极。

国家增长极的具体选择过程分为以下三步。

第一步，以 2013 年全国（除香港、澳门、台湾地区外）336 个地级及以上市为分析对象，计算各个城市的规模加权经济增长率，并对其从高到低进行排序。

第二步，选择规模加权经济增长率前 20% 的 67 个城市作为

---

① 规模加权经济增长率是衡量一个区域是不是所在经济体增长极的指标之一，从经济规模和增长效率两个方面衡量某个区域在经济体经济发展中的作用。

重要城市的基本组合（参见图11）。

第三步，以67个重要城市构成的基本组合为基础，依据空间分布和集聚关系，把空间上相邻的若干重要城市视为城市集聚体。据此，确定城市群的基本构成，作为国家增长极的基础。

第四步，对上述分析所确定的城市群，根据空间连续和区域经济发展战略的需求进行局部调整，从而确定国家增长极。

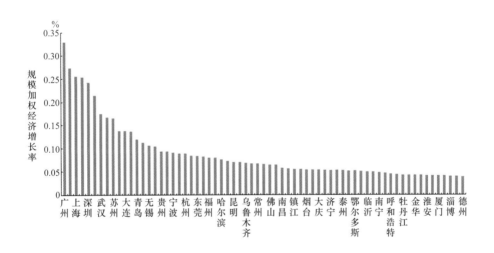

图11 2013年规模加权经济增长率前20%的城市

资料来源：根据2014年《中国区域经济统计年鉴》数据计算整理。

经过上述分析，我们得到了支撑全国经济发展的七个国家增长极。分别是以广州和深圳为核心的珠三角国家增长极，以上海、南京和杭州为核心的长三角国家增长极，以北京、天津、济南和沈阳为核心的环渤海国家增长极，以武汉、长沙和南昌为核心的长江中游国家增长极，以成都和重庆为核心的成渝国家增长极，以郑州为核心的中原国家增长极，以西安为核心的关中国家增长极（参见表4）。同时，我们也注意到，在其他地区开始出现新的经济增长点，比如，海峡西岸的福州，西南地区的贵阳和南宁，西北地区的乌鲁木齐等。

表4　　　　　　　　　七大国家增长极构成

国家增长极	核心城市	其他城市	城市数量
珠三角增长极	广州、深圳	珠海、佛山、东莞、中山、江门、惠州、肇庆	9
长三角增长极	上海、南京、杭州	苏州、无锡、宁波、常州、镇江、南通、绍兴、扬州、泰州、嘉兴、湖州、舟山、台州	16
环渤海增长极	北京、天津、济南、沈阳	青岛、保定、张家口、秦皇岛、唐山、石家庄、廊坊、邢台、邯郸、衡水、沧州、承德、淄博、潍坊、东营、烟台、威海、日照、大连、抚顺、本溪、辽阳、鞍山、营口、盘锦、铁岭、丹东	31
长江中游增长极	武汉、长沙、南昌	黄石、鄂州、黄冈、孝感、咸宁、仙桃、天门、潜江、株洲、湘潭、岳阳、九江、景德镇、鹰潭、上饶	18
成渝增长极	成都、重庆	绵阳、德阳、乐山、眉山、遂宁、内江、南充、资阳、自贡、广安、达州	13
中原增长极	郑州	洛阳、开封、新乡、焦作、许昌、漯河、平顶山、济源	9
关中增长极	西安	咸阳、宝鸡、渭南、铜川、商洛及杨凌区	6+1

（二）珠三角增长极

1. 基本情况

珠三角增长极由珠三角地区的广州、深圳、珠海、佛山、东莞、中山、江门、惠州、肇庆 9 个城市构成。其土地面积为 54754 平方公里，占全国土地面积的 0.57%，是七大国家增长极中土地面积最小的增长极。2013 年，珠三角增长极的常住人口为 5715.19 万人，占全国总人口的 4.2%；人口密度为 1044 人/平方公里，是全国人口密度的 7.3 倍，是七大国家增长极中人口密度最大的增长极。

珠三角增长极是支撑全国区域经济发展的重要增长极之一，主要服务区域是广东、广西、海南，以及福建、江西和湖南的邻近区域。依托京广发展轴，珠三角增长极北连长江中游增长极、中原增长极。依托东南沿海发展轴，珠三角增长极东接长三角增长极，西连西南地区，与成渝增长极相呼应。其经济影响力可以辐射泛珠三角区域。同时，珠三角增长极毗邻香港和澳门特别行政区，与港澳之间形成了紧密的相互依赖发展关系，对港澳经济的持续发展影响深远。

2. 发展状态

珠三角增长极是全国经济最发达的区域之一。2013 年珠三角增长极的 GDP 超过 5 万亿元，达 53060 亿元，占全国 GDP 的比重为 8.2%；人均 GDP 为 92840 元，比全国平均水平高

49540 元，在七大增长极中居首位。2000—2013 年，珠三角增长极的 GDP 平均增速达到 15.2%，比全国平均水平高 0.9 个百分点。2013 年，珠三角增长极的城市化率为 84.0%，比全国城市化率高 30.3 个百分点，是全国城市化率最高的增长极。

珠三角增长极正处于产业结构调整和升级阶段。2000—2013 年，珠三角增长极的第二产业增加值占 GDP 的比重基本呈现"倒 U"形变化，与之相对应，其第三产业增加值占比基本呈"U"形变化，并且在 2009 年超过第二产业增加值占比，已经逐渐成为推动珠三角经济增长的主要力量（参见图 12）。近年来，随着《珠江三角洲地区改革发展规划纲要》的实施，珠三角增长极以金融业、信息服务业、文化创意产业、现代物流业等为代表的现代服务业加快发展，2012 年实现增加值 15243 亿元，占服务业增加值的比重达到 61.7%，比 2009 年提高 1.3 个百分点。尤其是，珠三角增长极的创新能力不断提升，2007—2013 年其综合创新能力一直处于全国的领先水平。2012 年，珠三角增长极的高新技术产品出口已超过 2000 亿美元，约为环渤海增长极的 6 倍，接近长三角增长极的水平。

在空间结构上，珠三角增长极是以广州、深圳为核心城市的双核心空间结构。此外，珠三角增长极毗邻港澳，与港澳联系密切。随着珠三角城际高铁网络的全面建设，以及港珠澳大桥的建成通车，香港和澳门必将深度地融入珠三角增长极的空间发展。受此影响，珠三角增长极的空间组织将向广州、深圳—香港、珠海—澳门三核心结构发展。

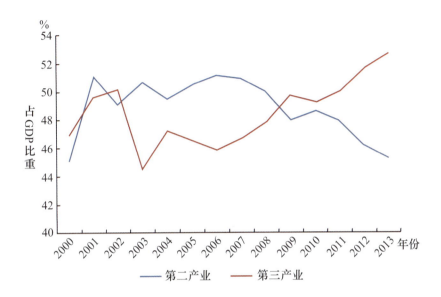

图 12　2000—2013 年珠三角增长极产业结构变化

3. 建设重点

在"十三五"期间，珠三角增长极的建设重点主要在以下几个方面。

第一，继续加快推进产业结构升级，培育经济发展新动力。目前，珠三角增长极的产业结构调整效果已经初步显现。2015年，珠三角增长极的经济增速由国际金融危机以来持续低于粤东、粤西、粤北地区变为略高于这些地区。在"十三五"期间，珠三角增长极需要继续构建以现代服务业和先进制造业、战略性新兴产业为主体的现代产业体系，基本完成产业结构升级。同时，加快培育创新发展机制、构建高水平开放型经济新体制，培育经济发展的新动力。

第二，进一步增强广州、深圳创新发展的能力和参与国际竞争的能力，引领珠三角增长极迈入新的发展轨道。同时，抓住"一带一路"建设的新机遇，把珠三角增长极与香港、澳门的经济关系由现在的"双边"竞合关系转变为合作发展、共同发展的关系，与香港、澳门建立面向"一带一路"国家及世界其他国家和地区的经济利益共同体。继续深化广州与佛山同城化。积极推动形成以广州—佛山、深圳—香港、珠海—澳门为核心的空间结构，构建珠三角增长极内部相对平衡的经济发展格局。

第三，加快推进高速铁路和城际轨道交通网络建设，增加连接珠江东西两岸的轨道交通和高速公路通道，与即将开通的港珠澳大桥配合，彻底改变珠江东西两岸联系不便的格局。促成高速铁路、城际轨道交通、高速公路和航空相互配合，建成珠三角增长极内部的发达综合快速交通网络。

第四，深入推进一体化发展进程。在总结《珠江三角洲地区改革发展规划纲要》实施经验的基础上，编制新的一体化发展规划。把清远市和汕尾市划入珠三角增长极，适当扩大珠三角增长极的发展空间。继续保持珠三角增长极在一省行政管理架构下便于协调的优势。积极利用建设东南沿海发展轴、京广发展轴的机遇，扩大珠三角增长极的辐射范围。

（三）长三角增长极

1. 基本情况

长三角增长极由上海、苏州、南京、无锡、杭州、宁波、常州、镇江、南通、绍兴、扬州、泰州、嘉兴、湖州、舟山、台州 16 个城市组成。土地面积为 110300.5 平方公里，占全国土地面积的 1.15%。2013 年年末常住人口为 10755.86 万人，占全国总人口的 7.9%；人口密度为 975 人/平方公里，是全国人口密度的 6.8 倍，在七大国家增长极中位居第二。

长三角增长极的主要服务区域是上海、江苏、浙江、安徽，以及福建的东中部和江西东部等。在全国区域经济发展格局中，长三角增长极不仅决定着华东地区的经济发展状态，而且通过长江发展轴与长江中游增长极、成渝增长极相连接，深刻地影响中部地区和西南地区的经济发展；通过京沪发展轴和东南沿海发展轴，北连环渤海增长极，南连珠三角增长极，成为我国东部沿海地区南北衔接、互动发展的枢纽。

2. 发展状态

长三角增长极是我国重要的经济增长极之一。2013 年，长三角增长极的 GDP 超过了 9 万亿元，达 97760 亿元，占全国 GDP 的比重为 15.1%；人均 GDP 为 90889 元，比全国平均水平高 47589 元，仅比珠三角增长极低 1951 元。2000—2013 年，长三角增长极的 GDP 平均增速达到 14.9%，比全国平均水平高 0.6 个百分点。长三角增长极是我国高度城市化区域之一。2013 年，其城市化率为 72.9%，比全国城市化率高 19.2 个百分点，在七大国家增长极中处于第 2 位。虽然长三角增长极在经济发展水平上略低于珠三角增长极，但是其土地面积和人口总量均大于珠三角增长极，经济辐射的范围也大于珠三角增长极。就经济影响力而言，长三角增长极位居七大国家增长极之首。

长三角增长极也处于产业结构调整和升级的关键期。2000—2013 年，长三角增长极的第二产业增加值占 GDP 的比重基本上呈缓慢下降态势，由 2000 年的 50.8% 下降到 2013 年的 46.6%；第三产业增加值的比重则呈缓慢上升趋势，由 2000 年的 42.1% 上升到 2013 年的 50.0%，并且在 2012 年超过第二产业增加值占比，成为推动长三角增长极经济增长的主要力量（参见图 13）。2012 年，长三角增长极的高新技术产品出口接近 2500 亿美元，在七大国家增长极中位居首位。总体上，长三角增长极呈现出了制造业与现代服务业协同驱动经济增长的良好态势。

在空间结构方面，长三角增长极是由上海、南京和杭州为核心城市所决定的"一主二副"三核心空间结构。上海是长三角增长极最主要的空间组织核心，南京和杭州是长三角增长极的

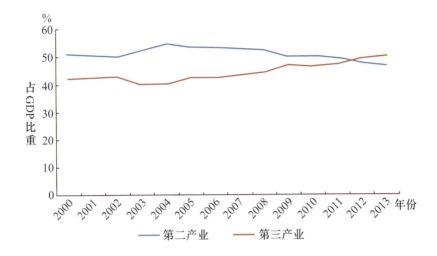

图 13　2000—2013 年长三角增长极产业结构变化

两个位居第二的空间组织核心。这个"一主二副"的三核心结构具有相当的稳定性，从而决定了长三角增长极的空间组织秩序。表现为，上海是长三角增长极首屈一指且不可动摇的发展引擎，南京、杭州借助于省会城市的优势，分别成为江苏和浙江的重要空间组织中心，但与上海在经济实力上始终存在着层次上的差异。其他 13 个城市则借助于发达的高速公路网络、高速铁路和城际轨道交通网络，超越行政隶属关系而与这三个核心城市建立密切的经济联系。这是长三角增长极充满活力、有序一体化发展的重要空间组织基础。

3. 建设重点

在"十三五"期间，长三角增长极要以《长江三角洲城市群发展规划》为指导，重点做好以下几个方面的工作。

其一，基本形成现代产业体系。大力发展生产性服务业、战略性新型产业和先进制造业，继续加快经济结构转型升级的步伐。引导区域产业分工，在长三角增长极内形成现代服务业与制造业协调发展、实体经济与虚拟经济协调发展的良好格局，预防制造业空心化。

其二，建立创新发展机制。以上海建设具有世界影响的科技创新中心为契机，发挥长三角增长极创新资源富集的优势，以改革科技创新管理体制为抓手，激发科技人员和企业的创新热情，形成由市场和企业主导的创新制度。依靠创新，推动长三角增长极进入新的经济发展轨道。

其三，建设发达的快速交通网络和信息网络。加快建成长三角内部城际轨道交通网络，加密高速公路网络，促进高速铁路、航空、高速公路的协调布局，构建现代交通体系。大力推进信息网络建设，超前布局下一代信息网络基础设施，使信息网络建设走在世界前列。

其四，建成高水平开放型经济。继续推进上海自由贸易试验区建设，辐射带动以自由贸易为导向的新一轮对外开放。对接"一带一路"建设，推进双向开放发展，协调好"引进来"与"走出去"的布局，形成开放发展的新优势。

其五，深化一体化发展。继续完善和创新一体化发展体制机制，重点解决好跨省级行政区的协调问题，探索区域合作新模式。适当扩大长三角增长极的区域规模，吸纳周边有条件的城市参与一体化进程。通过扩容和一体化发展，建设具有较大影响的世界级城市群。

（四）环渤海增长极

1. 基本情况

环渤海增长极由京津冀、山东半岛和辽中南 3 个城市群构成，包括北京、天津、济南、沈阳、石家庄、保定、张家口、秦皇岛、唐山、廊坊、邢台、邯郸、衡水、沧州、承德、青岛、淄博、潍坊、东营、烟台、威海、日照、大连、抚顺、本溪、辽阳、鞍山、营口、盘锦、铁岭、丹东 31 个城市。土地总面积为 374087 平方公里，占全国土地面积的 3.9%，在七大国家增长极中面积最大。2013 年，常住人口为 18210.53 万人，占全国总人口的 13.3%，在七大国家增长极中人口最多；人口密度为 487 人／平方公里，是全国人口密度的 3.3 倍。环渤海增长极是我国北方的重要增长极。其主要服务区域包括北京、天津、河北、山东、辽宁、吉林、黑龙江，以及山西和内蒙古的大部分地区。环渤海增长极通过京沪发展轴、京广发展轴、京津—沈哈发展轴、京津—包昆发展轴四大纵向发展轴而对全国北方地区的经济发展产生广泛的影响。具体而言，依托京津—沈哈发展轴辐射东北地区及内蒙古东部，依托京沪发展轴连接长三角增长极而辐射北部沿海地区，依托京广发展轴连接中原增长极而辐射华北地区，依托京津—包昆发展轴连接关中增长极而辐射内蒙古及西北地区。

2. 发展状态

环渤海增长极是我国北方的经济集聚区和发展引擎。2013年，环渤海增长极的 GDP 超过了 12 万亿元，达到 122632 亿元，占全国 GDP 的比重为 20.8%，经济总量在七大增长极中居首位；人均 GDP 为 67341 元，比全国平均水平高 24041 元。2000—2013 年，其 GDP 增速达到 15.1%，比全国平均水平高 0.8 个百分点。环渤海增长极亦是我国重要的城市化区域，2013 年其城市化率为 61.2%，比全国城市化率高 7.5 个百分点。在七大国家增长极中，环渤海增长极包括的城市最多、面积最大、经济总量也最大。就目前而言，环渤海增长极与长三角增长极和珠三角增长极并列为全国最重要的三大国家增长极。但是，其经济发展水平和竞争力略逊于长三角增长极和珠三角增长极。

在产业结构方面，环渤海增长极 2000—2013 年第二产业增加值占 GDP 的比重经历了先上升后下降的变化，但总体上略有提高；第三产业增加值占比则经历了与第二产业相反的变化，但总体上提高的幅度略高于第二产业。目前，环渤海增长极的第二产业和第三产业比重大体相当（参见图 14）。值得注意的是，环渤海增长极的先进装备制造业发展势头良好，同时，北京作为首都，其金融业发展具有得天独厚的优势，将是未来引领环渤海增长极经济向现代服务业转型的领导者。

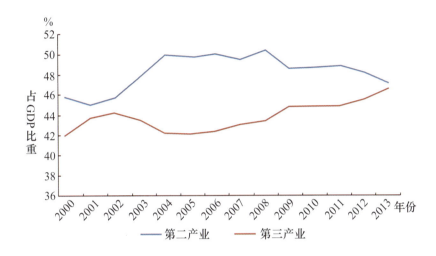

图 14　2000—2013 年环渤海增长极产业结构变化

　　在空间结构方面，环渤海增长极是一个"一主二副三元"的结构。其中，京津冀、山东半岛、辽中南是构成环渤海增长极的空间"三元"。在这个"三元"结构中，京津冀是最主要的一元，山东半岛、辽中南分别是两个次级的单元。总体上看，这"三元"沿着渤海分布，目前还是一个既有较密切的联系又相对松散的区域经济体。但在"三元"内部，空间组织水平比较高。具体是，在京津冀内部是由北京和天津组成的双核心结构，在山东半岛是由济南和青岛组成的双核心结构，在辽中南则是由沈阳和大连组成的双核心结构。

3. 建设重点

环渤海增长极由京津冀、山东半岛和辽中南三个区域组成，内部一体化程度低是制约其作为国家增长极发展的一个关键问题。在"十三五"期间，环渤海增长极要以国家发改委发布的《环渤海地区合作发展纲要》为指导，重点做好以下几个方面的工作。

第一，总体规划，分区推进环渤海增长极发展。一方面，从建设环渤海增长极的需要看，必须对其作总体发展规划，对京津冀、山东半岛、辽中南这三个区域的功能定位及相互关系，快速交通网络和信息网络、产业发展方向等做出战略性的安排，形成一体化发展的基本框架，以便引导未来发展大方向。另一方面，则立足于现实格局，采取分区推进的办法，先提高三个区域的一体化水平，为环渤海增长极总体的一体化创造基础。

力争在京津冀一体化方面取得实质性突破。在这个方面，可考虑把京津冀三地重大区域性基础设施、重大产业和社会发展项目布局、跨境环境污染治理的规划权上收至国家发改委，解决一体化发展的规划统筹问题。创新发展利益分配机制，支持京津冀开展产业合作区建设，有效分解北京、天津的产业功能。探索优质公共服务跨区域集团式供给方式，借助互联网组织模式，实现优质公共服务共享，缓解京津的人口聚集压力。

第二，建成环渤海快速交通网络。加快推进京沈高速铁路建设，与已经建成运营的北京至青岛和烟台、沈阳至大连高速铁路，形成环渤海增长极内部的高速铁路骨干网。分别建设京津冀、山东半岛、辽中南三个城际轨道交通网络，并在未来实现联网。大力发展航空运输，以北京、天津、济南、青岛、沈阳、大连国际机场为重点，分工合作，构建联通国际国内的发达航空网络。

第三，以创新引领产业结构调整和升级。积极利用好环渤海增长极创新资源富集、科技创新能力强，创新成果转化的金融支持条件好等有利条件，引导科技创新与先进装备制造业、战略性新型产业紧密结合，提升传统制造业的技术水平，再创制造业新优势。在北京、天津、济南、沈阳等核心城市，集中发展服务于环渤海增长极的生产性服务业，形成现代服务业发展的集聚地。在环渤海增长极内，形成先进制造业与现代服务业协调发展的良好局面。

第四，推动形成高水平开放发展新格局。进一步促进天津自由贸易试验区创新发展，在核心城市增加自由贸易试验区，面向"一带一路"建设，以推动中日韩自贸区建设、中国与东北亚国家的经济贸易合作为重点，形成环渤海自由贸易试验区体系。

第五，以推动核心城市的制造业、一般性服务业向周边地区转移，促进周边地区产业结构调整，在产业分工基础上形成以新的区域利益分配机制为主要手段，辅之以行政强制手段，在照顾到区域发展公平的基本原则下，建立环渤海增长极环境治理和生态建设的新机制，在共同发展的前提下，积极解决环境污染问题。

（五）长江中游增长极

1. 基本情况

长江中游增长极由武汉城市群、长株潭城市群和环鄱阳湖城市群组合而成，包括武汉、长沙、南昌、黄石、鄂州、黄冈、孝感、咸宁、仙桃、天门、潜江、株洲、湘潭、岳阳、九江、景德镇、鹰潭、上饶 18 个城市。其土地面积为 159105 平方公里，占全国土地面积的 1.7%，在中西部 4 大国家增长极中排名第 2 位。2013 年，其常住人口为 6965.25 万人，占全国总人口的 5.1%；人口密度为 437 人/平方公里，是全国人口密度的 3.1 倍。长江中游增长极的主要服务区域是湖北、湖南、江西三个省，以及周边区域。长江中游增长极在全国区域经济发展格局中具有重要地位，一是依托长江发展轴，东连长三角增长极，西接成渝增长极；二是依托京广发展轴，南连珠三角增长极，北接中原增长极和环渤海增长极，是沟通全国东南西北的空间经济联系枢纽。长江中游增长极的发展不仅是实现我国中部地区崛起的关键所在，也是实现全国区域经济协调的关键所在。

2. 发展状态

长江中游增长极的经济发展实力和水平明显低于珠三角增长极、长三角增长极和环渤海增长极。2013 年，其 GDP 超过 3

万亿元，达到 36183 亿元，占全国 GDP 的比重为 5.6%；人均 GDP 为 51947 元，比全国平均水平高 8647 元。2000—2013 年，其 GDP 增速达到 16.4%，比全国平均水平高 2.1 个百分点，在七大国家增长极中排名第 2 位。长江中游增长极的城市化水平较高，2013 年其城市化率为 72.8%，比全国城市化率高 19.1 个百分点，在中西部国家增长极中居第一。

在产业结构方面，长江中游增长极表现出与珠三角增长极、长三角增长极不一样的特征。总体上，第二产业在经济增长中占据主导地位。2000—2013 年，其第二产业增加值占 GDP 的比重持续上升，由 2000 年的 40.3% 上升到 2013 年的 53.3%。与之相反，第三产业增加值呈逐年下降态势，由 2000 年的 41.4% 下降到 2013 年的 38.6%（参见图 15）。

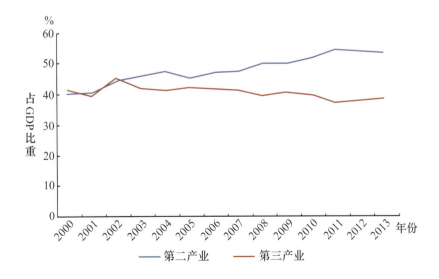

图 15 2000—2013 年长江中游增长极产业结构变化

在空间结构方面，长江中游增长极也是一个"一主二副三元"结构。武汉城市群、长株潭城市群、昌九城市群是构成长江中游增长极的"三元"。其中，武汉城市群是最主要的一元，长株潭城市群、环鄱阳湖城市群是两个次级的单元。近年来，这三个城市群在国家战略的引导、高速交通网络的支撑下，相互联系不断增强，合作发展的需求显著增大，一体化发展初现端倪。但目前来看，这"三元"之间的经济联系尚有待加强，结构较为松散，各自的独立较强。武汉城市群是由武汉主导的单核心结构，长株潭城市群则是由长沙、株洲、湘潭组成的三核心结构，环鄱阳湖城市群是由南昌和九江构成的双核心结构。

3. 建设重点

长江中游增长极是一个正在形成之中的国家增长极。在"十三五"期间，长江中游增长极建设要以《长江中游城市群发展规划》为指导，紧紧抓住长江经济带发展的重大机遇，把建设重点放在以下几个方面。

一是大力增强核心城市发展实力。长江中游增长极的核心城市武汉、长沙和南昌，具有一定的发展基础和较好的发展势头，但是，整体的实力相对较弱，不利于带动增长极发展。在"十三五"期间，要从重大项目布局，改革开放政策支持，扩大城市规模等方面，给予这三个核心城市重点支持，促进其加快发展。

二是制订长江中游增长极总体发展规划。一方面，进一步推进武汉城市群、长株潭城市群、环鄱阳城市群建设，形成"三元"竞相发展的格局。另一方面，依托长江发展轴、京广发展轴、沪昆发展轴，以快速交通网络建设、区域合作机制建设和区域要素市场建设为突破口，形成推进长三角增长极"三元"一体化发展的空间基础和制度基础，引导形成"一主二副三元"的一体化发展格局；加强与珠三角增长极、长三角增长极、成渝增长极和中原增长极的互动。

三是积极利用科技教育相对较好，人力资源丰富等条件，结合承接国际国内产业转移，积极在具有比较优势的装备制造业、战略性新兴产业等领域增创产业新优势，形成以创新和人力资源支撑的现代产业集群。

四是解放思想，以开放和改革增强发展动力。在长江中游增长极核心城市，布局自由贸易试验区，增设出口加工区和综合保税区，以开放促改革，以开放引领改革。以国企改革、创新发展和城市化发展改革为重点，激发全社会的发展热情和潜力，形成加快发展的巨大动力。

五是推进两型社会建设，以长江生态建设为中心，建立跨区域的生态保护联动机制，共建生态文明。坚持走新型城镇化道路，推动城乡一体化发展，实现共同富裕。

（六）中原增长极

1. 基本情况

中原增长极主要包括郑州、洛阳、开封、新乡、焦作、许昌、漯河、平顶山、济源 9 个城市，是中部正在快速崛起的重要增长极。其土地面积为 58719 平方公里，占全国土地面积的 0.6%，在七大国家增长极中面积最小。2013 年，其常住人口为 4539.5 万人，占全国总人口的 3.3%；人口密度为 773 人/平方公里，是全国人口密度的 5.4 倍。中原增长极曾是我国北方的经济核心区，主要服务以河南为主体的中原地区，在全国区域经济发展格局中具有连接东西、沟通南北的枢纽地位。依托陇海—兰新发展轴，中原增长极东接长三角增长极、西联关中增长极。依托京广发展轴，中原增长极北接环渤海增长极、南联长江中游增长极。虽然中原增长极的服务区域在七大国家增长极中最小，但是其在全国区域经济发展格局中具有不可或缺的地位，是形成相对平衡、协调有序的区域经济发展格局的重要战略支点。

2. 发展状态

中原增长极的经济发展基础相对较弱，但发展趋势良好。2013 年，其 GDP 超过 1.8 万亿元，达到 18961 亿元，占全国 GDP 的比重为 2.9%；人均 GDP 为 41771 元，比全国平均水平低 1529 元。从发展趋势看，2000—2013 年中原增长极的 GDP

增速达到 16.3%，高于全国平均水平 2 个百分点。中原增长极的城市化发展空间大。2013 年，其城市化率为 50.6%，比全国城市化率低 3.1 个百分点，在七大国家增长极中排名最后。

在产业结构方面，第二产业占据主导地位，其增加值占 GDP 比重高于第三产业，2003—2011 年两者之间的差距持续扩大，尽管在 2012 年和 2013 年两者的差距在缩小，但是第二产业增加值占比从 2003 年开始就一直高于 50%，2013 年第二产业增加值占 GDP 的比重为 58.9%，比第三产业增长值占 GDP 的比重仍然高 25.7 个百分点（参见图 16）。

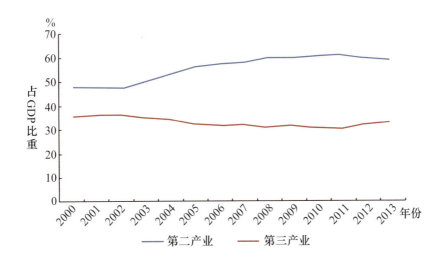

图 16　2000—2013 年中原增长极产业结构变化

在空间结构方面，中原增长极是由郑州主导的单核心结构。近年来，郑州获得了国家多方面的政策支持，郑东新区和郑州航空港经济综合试验区建设为郑州加快发展注入了强大动力，其作为中原增长极核心的地位进一步巩固。随着郑州与开封同城化发展的深化，郑州将与开封融合成为中原增长极更加强大的核心。

3．建设重点

中原增长极发展基础相对较弱。在"十三五"期间，中原增长极的建设重点主要在以下几个方面。

第一，坚持中心城市带动战略。把郑州列入国家中心城市，支持其加快发展，显著增强其综合实力。从规划一体化、产业布局一体化、利益分享制度建设等方面，大胆创新，深化郑汴同城化发展。以郑汴同城化为基础，积极推进与洛阳、新乡、许昌的一体化发展，建设中原增长极的中心区，形成对增长极的整体辐射带动能力。

第二，推动形成先进制造业引领的现代产业结构。打造先进制造业体系。中原增长极要依托现有产业优势，正确处理好承接产业转移和推动产业升级之间的关系，大力发展以装备制造业、汽车产业、电子信息产业等为核心的先进制造业，形成支撑增长极加快发展的强大制造业基础。发挥全国"三化"协调发展示范区的优势，提升农业现代化水平，构建具有区域特色的产业集群。

第三，加快建成城际轨道交通网络，扩大郑州国际机场的通航能力，与高速铁路、高速公路一道，形成发达的快速交通网络。增强中原增长极发展的内聚力和辐射范围。

第四，争创开放发展优势。抓住"一带一路"建设机遇，在核心城市郑州布局自由贸易试验区，带动中原增长极开辟对外开放新路径；结合交通优势，依托京广发展轴和陇海—兰新发展轴，积极开展区域合作，形成"双向"开放发展的新格局。

第五，依托京广发展轴和陇海—兰新发展轴，积极增强与环渤海增长极、长三角增长极、长江中游增长极、关中增长极的互动，汇聚要素和企业，增大发展能量。

（七）成渝增长极

1. 基本情况

成渝增长极主要包括成都、重庆、绵阳、德阳、乐山、眉山、遂宁、内江、南充、资阳、自贡、广安、达州 13 个城市。其土地面积为 199011 平方公里，占全国国土面积的 2.1%。2013 年，其常住人口为 8653.45 万人，占全国总人口的 6.4%；人口密度为 434 人/平方公里，是全国人口密度的 3 倍。成渝增长极是中西部地区土地面积最大、人口最多的国家增长极。成渝增长极地处西南，其主要服务区域是重庆、四川、云南、贵州、西藏及周边区域。依托长江发展轴，成渝增长极东连长江中游增长极和长三角增长极，共同构成长江发展轴上的三个战略支撑点。依托京津—包昆发展轴，成渝增长极北连关中增长极，可以辐射西北地区。在东南方向，与珠三角增长极形成呼应。总之，成渝增长极是推动我国西南地区加快发展的引擎，是沿长江贯通我国东中西部地区、激发区域协调发展活力和平衡区域经济发展格局的重要战略支点。

2. 发展状态

成渝增长极有很好的发展潜力。2013 年，其 GDP 超过 3 万亿元，达到 33920 亿元，占全国 GDP 的比重为 5.2%；人均 GDP 为 31199 元，比全国平均水平低 12101 元，在七大国家增长极中最低。但是，成渝增长极的经济增速高。2000—2013 年，其 GDP 增速达到 16.5%，高于全国平均水平 2.2 个百分点，在七大国家增长极中排第二位。此外，2013 年其城市化率为 51.8%，比全国城市化率低 1.9 个百分点。城市化的空间很大，蕴含着较大的发展潜力。

在产业结构方面，成渝增长极的第二产业和第三产业增加值占比在 2007 年以前大体相当，但从 2007 年开始，第二产业增加值占比呈上升态势，第三产业增加值占比则呈下降态势。尽管在 2013 年两者差距有所减小，但第二产业增加值占比仍高于第三产业增加值约 11 个百分点。目前，成渝增长极经济发展依然靠第二产业重点支撑，第三产业开始加速发展（参见图 17）。

在空间结构方面，成渝增长极是由"重庆—成都"驱动的

双核心结构。这个结构有两个特点：一是重庆、成都分别位于
成渝增长极的东西两端，作为空间组织中心利于成渝增长极平
衡发展。二是其他城市与重庆、成都这两个核心存在层次差异，
利于内部形成有序的空间结构。

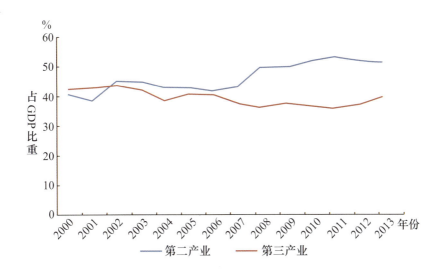

图 17　2000—2013 年成渝增长极产业结构变化

3. 建设重点

在"十三五"期间，以《成渝城市群发展规划》为指导，
成渝增长极的建设重点主要在以下几个方面。

第一，推进一体化发展。建立重庆城区与成都两个核心城
市的协调互动发展机制，增强成渝增长极的东西两大发展引擎。
沿着成渝、沿江发展轴，带动川南、南遂广、达万城镇密集区

加快发展。把黔江、绵阳、乐山、南充、泸州、宜宾打造成区域中心城市，带动相关区域发展。

第二，建设现代产业集群，引领产业结构升级。积极利用本地科技创新能力和良好的制造业基础，继续承接国内国际产业转移，大力发展装备制造业、电子信息产业、石化产业和轻纺产业，壮大装备制造业产业集群，提升电子信息产业集群，完善石化产业和轻纺产业集群。大力发展服务于制造业、旅游业、现代农业的现代服务业产业集群。

第三，提升对外开放水平。利用好长江经济带建设机遇，主动抢抓"一带一路"建设机遇，布局自由贸易试验区，提升对外开放的层次。扩大以成都、重庆等为起点的中欧班列品牌影响力，打造通向中亚和欧洲的国际贸易大通道；以成昆铁路、川藏铁路等铁路为依托，构建面向东南亚和南亚的国际贸易大通道，大幅度拓宽对外开放的空间。

第四，加强对外交通建设。加快推进成都至昆明、重庆经贵阳至昆明、成都至兰州、重庆至西安、重庆至郑州等高速铁路建设，显著增加对外快速通道。大力发展航空运输，以成都和重庆两大国际基础为枢纽，建成国际国内协调配合的航空网络。进一步提升长江航运的货运能力。

第五，坚持可持续发展。成渝增长极是长江上游生态安全的保障区，要统筹安排经济发展布局和人口空间集聚，实行最严格的环境保护制度，加强各个城市在环境保护领域的合作，形成经济发展与生态文明建设相协调的发展模式。

（八）关中增长极

1. 基本情况

关中增长极包括西安、咸阳、宝鸡、渭南、铜川、商洛6个城市，以及杨凌区，是中国西北地区正在形成的重要增长极。其土地面积为75087平方公里，占全国国土面积的0.8%，在中西部四大国家增长极中排倒数第二位。2013年，其常住人口为2651.97万人，占全国总人口的1.9%，在七大国家增长极中人口最少；人口密度为353人/平方公里，是全国人口密度的2.5倍。在历史上，从秦汉至隋唐，关中地区曾是全国的经济核心区。自宋开始，关中地区一直是辐射我国西北地区的经济中心。目前，关中增长极的主要服务区域包括陕西、甘肃、宁夏、青海、新疆，以及内蒙古西部和山西部分地区。依托陇海—兰新发展轴，关中增长极东连中原增长极、长三角增长极。依托京津—包昆发展轴，关中增长极北接环渤海增长极，南连成渝增长极。服务于辽阔的西北地区，关中增长极是全国区域经济发展格局中的一个重要战略支点。

2. 发展状态

关中增长极的经济基础较弱，发展潜力很大。2013年，关中增长极的GDP超过1万亿元，达到10557亿元，占全国GDP

的比重为 1.6%；人均 GDP 为 39808 元，比全国平均水平低 3492 元。2000—2013 年，关中增长极的 GDP 增速达到 17.2%，高于全国平均水平 2.9 个百分点，位居七大国家增长极之首。关中增长极的城市化潜力较大，2013 年其城市化率为 53.1%，比全国城市化率低 0.6 个百分点。

在产业结构方面，关中增长极表现出两个重要特征。一是第二产业占 GDP 的比重持续上升，而第三产业则总体上趋于下降。二是第二产业在 GDP 中占据了"半壁江山"，是经济增长的主要动力来源，而第三产业的贡献不断缩小。2013 年，第二产业占 GDP 比重比第三产业高约 13 个百分点（参见图 18）。

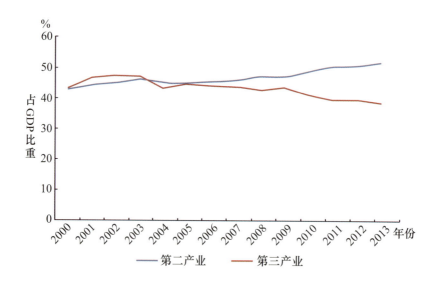

图18　2000—2013 年关中增长极产业结构变化

在空间结构方面，关中增长极是由西安主导的单核心结构。西安与其他五个城市相比，一城独大。近年来，受惠于"一带一路"建设机遇及西咸新区等政策支持，西安的发展明显加快，其核心地位将进一步巩固。

3. 建设重点

关中增长极也是一个相对较弱的国家增长极，需要加强建设。在"十三五"期间，关中增长极的建设重点主要在以下几个方面。

一是提升核心城市发展水平。在重大项目布局和改革发展政策上，加强对核心城市西安的经济发展的支持，深入推进西咸一体化，增强其经济实力和辐射带动能力。依靠制度创新，充分释放西安所集聚的科技、高等教育及高新技术产业发展的能量，形成创新驱动发展机制，打造中国创新科技城，实现赶超发展。

二是建设具有区域特色的产业体系。利用自身的发展优势，积极打造先进制造业基地、文化旅游产业基地、能源化工产业基地和绿色产业基地。以关中老工业基地振兴项目为基础，积极承接符合关中增长极发展要求的产业转移，推进传统产业升级。积极发展生产性服务业，促进实体经济与虚拟经济协调发展。

三是开创对外开放新局面。抓住丝绸之路经济带建设新机遇，在西安布局自由贸易试验区；积极谋划，与丝绸之路经济带沿线国家和地区，建立合作产业园区；在国际贸易、物流、运输、信息、人才培养、科技创新等方面，构建面向丝绸之路经济带建设的高水平服务平台。

四是建设快速交通网络。重点是加快西安至兰州、西安至重庆、西安至银川的高速铁路建设，形成对外快速交通通道。抓紧推进以西安为中心，以宝鸡—西安—渭南为主轴的城际高速铁路建设。进一步提升西安国际机场的运输能力。

五是推动新型城市化。以生态环境承载力为依据，合理引导人口向城市集聚。依托陇海—兰新发展轴建设，加强与天水的联系，扩大关中增长极空间范围。同时，加强与兰州的发展互动，共同增强对西北地区的辐射带动作用。

三　积极建设八大国家发展轴

发展轴是多极网络空间发展格局的重要组成要素。八大国家发展轴串联起七大国家增长极，从而形成了全国区域经济格局的基本架构，在较大程度上决定着全国区域经济发展的总体形势。相比于国家增长极，发展轴尚处于不成熟状态。其中的一个重要原因，就是在高速铁路建设和投入运营之前，发展轴各区域之间的联系事实上存在着断裂，并未真正形成一个有机的整体。随着高速铁路建设的快速推进，这个问题正在逐步解决，因而，才有了建设发展轴的机遇。所以，从构建多极网络空间发展格局看，需要抓住这个机遇，积极建设八大国家发展轴。

（一）长江发展轴

1. 基本情况

长江发展轴是依托沪—汉—蓉高速铁路和长江水运通道而形成的东西向经济发展轴。长江发展轴由上海、重庆两个国家中心城市，以及南京、武汉、成都等36个城市和地区组成（参见表5）。2014年，长江发展轴的土地总面积为423628平方公里，约占全国国土总面积的4.4%。人口为21729万人，约占全国总人口的15.9%；人口密度为513人/平方公里。

表5　　　　　　　　　　长江发展轴的区域构成

空间分布	东段	中段	西段
核心城市	上海、南京	武汉	重庆、成都
其他城市	苏州、南通、无锡、常州、泰州、镇江、扬州	滁州、合肥、六安、马鞍山、芜湖、铜陵、池州、安庆、九江、黄冈、黄石、鄂州、咸宁、荆门、荆州、岳阳、宜昌、恩施	泸州、宜宾、遂宁、内江、资阳、自贡

注：表中"其他城市"按照由东到西的空间分布排序。

2. 组织功能

长江发展轴是多极网络空间发展格局中最为重要的一条东

西向发展轴。长江发展轴横贯我国东中西部，由东向西，串联
了长三角增长极、长江中游增长极和成渝增长极，是长江流域
交通走廊和经济大通道。长江发展轴担负着实现长三角增长极、
长江中游增长极、成渝增长极三大国家增长极之间互动，组织
沿轴线区域经济联系，促进东中西部协调发展的重要功能。

长江发展轴在东部与京沪发展轴、东南沿海发展轴交会，
在中部与京广发展轴相交，在西部与京津—包昆发展轴相连，
加之地处我国南方经济空间的北部，能够对全国南北之间的经
济互动产生重要影响。

总的来看，长江发展轴是多极网络空间发展格局得以形成
的关键之一，是全国区域经济发展的十分重要的空间组织轴线，
堪称全国经济空间的"脊梁"。长江发展轴是长江经济带发展
战略的重要空间组织基础。

3. 经济基础

长江发展轴具有良好的经济基础和较强的经济实力。2014
年，长江发展轴的 GDP 总量为 145293.59 亿元[①]，占全国 GDP
的比重高达 22.8%。就区域空间的经济产出看，长江发展轴的
水平是很高的，以占全国 4.4% 的国土面积实现了全国 22.8%

---

① GDP 和人均 GDP 均为当年价。

的 GDP。根据世界银行 2014 年的贫富国家划分标准①，长江发展轴已经达到了中高等收入发达水平。2014 年，长江发展轴整体的人均 GDP 为 66804.1 元，远高于 2014 年全国的人均 GDP（46629 元）。其中，苏州的人均 GDP 最高，达到了 129900 元。最低者六安也达到了 19044 元（参见图 19）。除了六安、恩施和黄冈尚处于中低收入水平外，其他的 33 个城市全部达到中上等收入水平。其中，上海、苏州、南通、无锡、常州、镇江、扬州、南京、铜陵、武汉和宜昌 11 个城市达到了高收入水平。

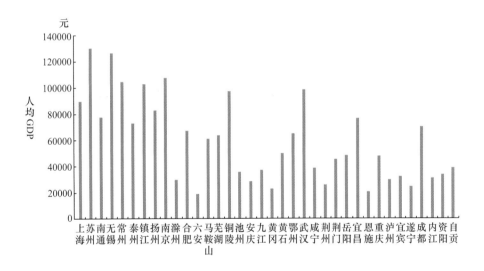

图 19　2014 年长江发展轴各城市和地区人均 GDP

---

① 世界银行 2014 年的贫富国家划分标准：低收入，小于 1006 美元；中等收入，1006—12275 美元；高等收入，大于等于 12276 美元。其中，中低收入，1006—3975 美元；中高等收入，3975—12275 美元。2014 年美元兑人民币平均汇率为 1 美元 =6.1428 元人民币。

长江发展轴的经济增长势头良好。2014 年，除了上海以外，长江发展轴上各区域的 GDP 增长率普遍较高，基本在7%以上。特别是，南通、常州、泰州、镇江、扬州、南京、芜湖、九江、重庆、泸州 10 个城市实现了两位数的增长（参见图20）。

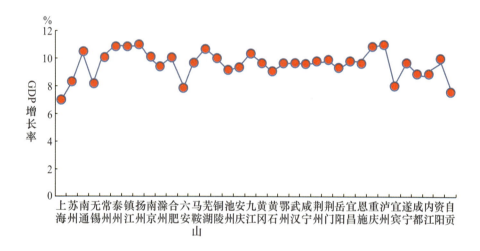

图20 2014 年长江发展轴各城市和地区 GDP 增长率

在产业结构方面，长江发展轴以第二产业和第三产业为主。2014 年，长江发展轴的三次产业构成为 5.5：47.7：46.8。而且，各区域的第二产业和第三产业增速明显高于第一产业，产业结构演进的趋势良好。其中，位于东部地区的城市的第三产业增速高于第二产业。而位于中西部的城市，除少数外，其第二产业增速高于第三产业。

4. 交通条件

长江发展轴拥有横贯东西的较为发达的综合交通走廊。沿长江两岸，水路、铁路、公路、民航、管道等多种运输方式协同发展，综合交通网络的规模持续扩大，结构不断完善，运输能力持续增强。

首先，长江水运是长江发展轴得以形成和发展的最基本交通条件。依托长江黄金水道，长江发展轴已经形成了以上海、南京、武汉、重庆等主要港口为骨干，以芜湖、马鞍山、九江、宜昌等地区性港口为辅助，其他港口为补充的大、中、小港口相结合的港口体系，构成基本涵盖整个长江流域的以大宗货物运输为主的水运系统。在该水运系统中，货物主要集中在上海、南京、苏州、南通、镇江、武汉、重庆等港口，吞吐量均超过亿吨（参见图21）。

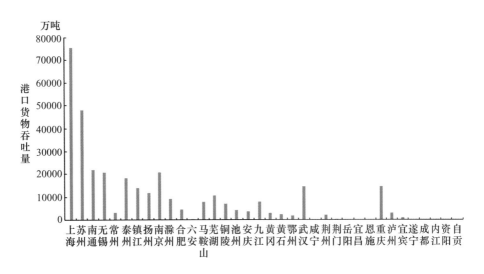

图21 2014年长江发展轴各港口货物吞吐量

其次，全长 2078 公里的沪—汉—蓉高速铁路的修建与运营，一方面直接连通长江上、中、下游城市和地区，压缩了从东部长三角增长极至西部成渝增长极之间的时间距离，加快了要素的东西向流动速度，促进了产业自东向西的转移，加强了轴线上各区域间的交流与融合。另一方面推动了发展轴运输系统的客货分离，增强了长江干线港口货运专业化，提升了长江发展轴的综合运输能力，使沿长江发展轴实现了以上海、南京、合肥、武汉、重庆和成都为核心的 1—4 小时经济圈全覆盖。

最后，长江发展轴的航空运输能力较强。截至 2014 年，长江发展轴沿线城市已建成和投入运营 10 座国际机场、7 座一般机场。部分城市正在积极规划和建设新机场。

5. 建设重点

长江发展轴的各区域经济发展差距较大。尤其是东部发达地区与中西部地区、中西部地区的省会城市与一般性城市之间的差异最为明显，总体上呈现出"东强西弱"的格局（参见图22）。

目前，长江发展轴的一体化发展水平不高。各区域尚未实现真正的协作与融合，区域分工不明显，没有形成一个统一的产业发展协调机制。各区域在规划各自的主导产业时，大多是从各自的行政区利益或眼前利益出发，产业同构化较为普遍。此

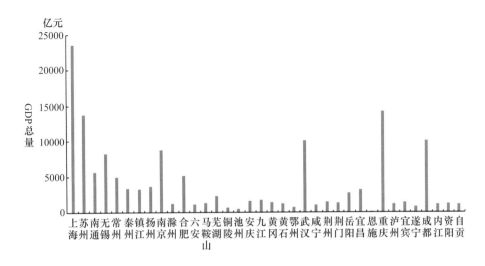

图 22　2014 年长江发展轴各城市和地区的 GDP 总量

外，要素市场、商品和服务市场的分割仍然不同程度地存在。此外，虽然长江发展轴基本形成了综合交通走廊，但是，各种交通运输方式之间的协作配套比较差，各区域之间的交通协调比较弱，覆盖发展轴的综合运输体系尚未真正形成。

在八大国家发展轴中，长江发展轴的发展基础和发展潜力巨大。建设长江发展轴，对于稳定全国经济增长，优化经济增长空间，具有十分重要的作用。在"十三五"期间，长江发展轴的建设重点是，在《长江经济带发展规划纲要》的总体框架下，做好以下工作。一是加快建成高速铁路、高速公路、航空等构成的快速交通网络，并与水运、普通铁路、普通公路共同组成综合交通体系。二是根据所处的发展阶段，合理选择产业结构调整和升级的方向，处理好制造业与服务业发展的关系，突出产业发展重点。引导发展轴上的中西部城市和地区积极承接东部地区的转移产业，加强发展轴的产业联系与分工。三是参照长三角增长极一体化发展经验，构建长江发展轴一体化协调发展机制，积极启动长江发展轴的一体化发展进程。四是以上海、南京、武汉、重庆、成都为重点，以自由贸易试验区为参照，面向"一带一路"，构建高水平开放格局，大幅度提升长江发展轴的对外开放水平。五是引导人口和经济活动向发展轴集聚，进一步提高城市化水平。六是做好发展轴沿线的生态建设，走绿色发展道路。

（二）陇海—兰新发展轴

1. 基本情况

陇海—兰新发展轴是依托陇海—兰新铁路，以及正在建设和部分投入运营的徐兰高铁和兰新高铁而形成的东西向经济发展轴。考虑到陇海—兰新发展轴东端除了联通连云港之外，还需要与长三角增长极、环渤海增长极中的山东半岛建立经济联系，吸收来自这些区域的经济发展能量，同时，也有利于这些区域依托该发展轴，积极参与到"丝绸之路经济带"的建设中来，我们把陇海—兰新发展轴的东端起点设定为徐州。这样，陇海—兰新发展轴东始于江苏徐州，西止于新疆的乌鲁木齐，共包括25个城市和地区（参见表6）。2014年，陇海—兰新发展轴的土地总面积为730145平方公里，约占全国国土总面积的

7.6%；总人口为8898.6万人，约占全国总人口的6.5%；人口密度为122人/平方公里。

表6 陇海—兰新发展轴的区域构成

空间分布	东段	中段	西段
核心城市		郑州	西安
其他城市和地区	徐州	宿州、商丘、开封、洛阳、三门峡	渭南、咸阳、宝鸡、天水、定西、兰州、武威、金昌、海东、海北、西宁、张掖、酒泉、嘉峪关、哈密、吐鲁番、乌鲁木齐

注：表中"其他城市和地区"按照由东到西的空间分布排序。

2. 组织功能

陇海—兰新发展轴是仅次于长江发展轴的东西向发展轴。该发展轴串联了中原增长极和关中增长极，东与长三角增长极和环渤海增长极相呼应，西接中亚地区、南亚地区，是我国北方地区横贯东中西部重要空间组织轴线，是丝绸之路经济带在我国境内的核心区域。

陇海—兰新发展轴地处我国北方经济空间的南部，其东段连接京沪发展轴、中段与京广发展轴相交、西段与京津—包昆发展轴相汇，具有联通南北方经济空间的功能。

总体上，陇海—兰新发展轴是可以与长江发展轴比肩的一条重要的东西向发展轴。对于促进东中西部地区联系和协调发展，对于丝绸之路经济带建设具有不可替代的重要作用。特别是随着丝绸之路经济带建设的推进，陇海—兰新发展轴将成为我国向西开放的主要依托，也是与丝绸之路经济带沿线国家开展经贸往来的大通道。

3. 经济基础

陇海—兰新发展轴已经具备了一定的经济基础。2014 年，陇海—兰新发展轴的 GDP 总量达到 40463.5 亿元，约占全国 GDP 总量的 6.4%。人均 GDP 为 45471.8 元，略低于全国的人均 GDP 水平（46629 元）。根据世界银行 2014 年的贫富国家划分标准，陇海—兰新发展轴上的宿州、天水、定西和武威属于中低收入水平，其他城市和地区已达到了中高等收入水平。在具体的区域构成上，嘉峪关的人均 GDP 最高，其次是郑州、乌鲁木齐、西安等，基本形成以天水、定西为分界线的双峰空间分布格局（参见图 23）。

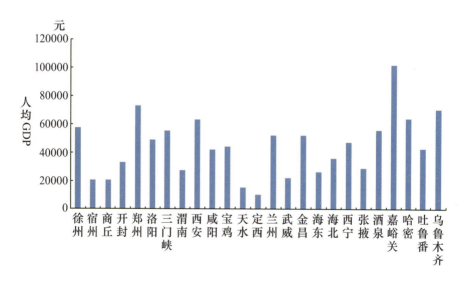

图 23　2014 年陇海—兰新发展轴各城市和地区的人均 GDP

陇海—兰新发展轴的经济增长速度较高，增长潜力大。
2014年，陇海—兰新发展轴上，除海北的增长率仅为4.1%外，
其他区域的GDP增长率都在7%以上，而其中的9个区域实现
了两位数的增长（参见图24）。

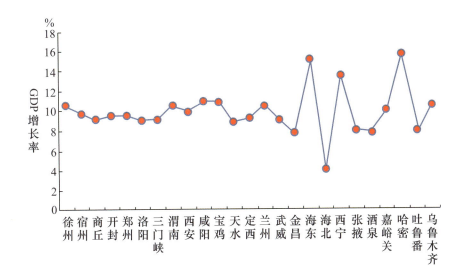

图24　2014年陇海—兰新发展轴各城市和地区的GDP增长率

总体上，陇海—兰新发展轴的产业发展处于工业化中期，
产业结构比较合理。2014年，陇海—兰新发展轴的三次产业构
成为8.7∶49.6∶41.7。除少数城市和地区之外，第二产业的增
速都高于第三产业，而且，多数区域的第二产业实现了两位数
的增长。

4. 交通条件

陇海—兰新发展轴是我国早在20世纪90年代就着手建设

的一条发展轴。但是，限于缺乏快速交通作支撑，陇海—兰新发展轴建设一直没有大的进展。近年来，徐兰高铁和兰新高铁的建设正在逐步消除制约陇海—兰新发展轴建设的交通"瓶颈"。目前，兰新高铁已于2014年年底开通运行。徐兰高铁的郑州至西安段已经开通运营，郑州至徐州段也即将正式开通，西安至兰州段正在加紧建设，预计2017年年底通车。徐兰高铁和兰新高铁全部建成后，陇海—兰新发展轴由东向西基本形成以郑州、西安、兰州为中心的3小时经济圈。这条高速铁路与普通铁路实现客货分流，与高速公路和航空运输相配合，不仅能显著增强中原增长极与关中增长极的互动，更重要的是将大幅度增强关中增长极对西北地区的辐射能力，促进沿线地区的开发，同时还将增强中原增长极与长三角增长极和环渤海增长极的互动。

陇海—兰新发展轴正在形成由徐兰高铁和兰新高铁、陇海—兰新普通铁路、连霍高速公路，以及徐州、郑州、西安、咸阳、兰州和乌鲁木齐6座国际机场及10座一般性机场共同组成的东西向交通大走廊。这条交通走廊是集铁路、公路、航空运输为一体的综合运输通道，具备较强的区域综合运输能力。

5. 建设重点

目前，陇海—兰新发展轴的总体发展水平逊于长江发展轴。而且，沿线地区的经济发展水平差异显著（参见图25）。中原增长极和关中增长极内的沿线城市经济实力较强。郑州和西安作为中原增长极和关中增长极的核心城市，经济总量最大，徐州位居第三。关中以西地区，除了乌鲁木齐、兰州和西宁外，其他城市和地区的经济实力普遍较弱。加之中原增长极和关中增长极在七大国家增长极中也是实力较弱的两个增长极，因此，陇海—兰新发展轴缺乏强有力的增长极带动。由于距离东部发达地区空间距离远，加之干旱、半干旱自然环境限制，关中以西地区承接东部产业转移比较困难。

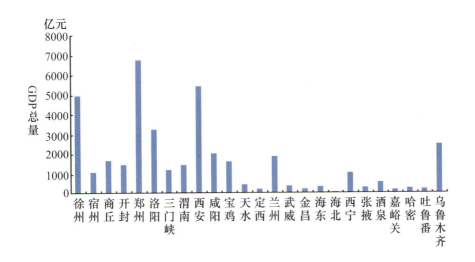

图25　2014年陇海—兰新发展轴各城市和地区的GDP总量

丝绸之路经济带建设给陇海—兰新发展轴建设带来了新机遇。目前，陇海—兰新发展轴正处于大发展的起步阶段。加快建设陇海—兰新发展轴，与长江发展轴一道，形成南北呼应和互动且实力相当的两大横贯东西的发展轴，是构建多极网络发展空间格局的迫切需要，也是拓展全国经济发展新空间的需要。随着东部发达省市，以及中部和西南地区依托陇海—兰新发展轴参与丝绸之路经济带建设的动力不断增强，陇海—兰新发展轴的发展潜力将被激发出来。在"十三五"期间，陇海—兰新发展轴要围绕以下重点加快建设步伐。

第一，进一步加强交通走廊建设，大幅度提高综合交通运输能力。一是建成徐兰高铁，实现徐兰—兰新高铁全线通车。二是以轴线为重点，大力发展航空运输，增强郑州、西安、兰州和乌鲁木齐国际机场的通航能力，形成联通国内国际的航空枢纽；增建支线机场，扩大航空运输覆盖面。三是完善高速公路布局，与高速铁路、航空站场形成配合。四是合理组织客货运输，协调高速铁路、高速公路、航空以及普通铁路和公路运输，构建综合交通系统。

第二，根据总体上处于工业化中期的特点，把制造业发展摆在产业发展优先位置，积极承接东部发达地区和国际产业转移，着力培育制造业优势。在中原增长极的核心城市郑州、关中增长极的核心城市西安，以及兰州和乌鲁木齐，积极发展生产性服务业，服务于发展轴上其他城市和地区。

第三，以中原增长极、关中增长极的沿线城市，以及兰州及河西走廊、乌鲁木齐等为重点，积极推进城市化。走新型城市化道路，协调好工业化、城市化与生态环境治理及保护之间的关系，优化人口和经济活动空间分布与自然环境的关系，增强可持续发展能力。

第四，按照国家发展改革委、外交部、商务部联合发布的《推动共建丝绸之路经济带和21世纪海上丝绸之路的愿景与行动》，借鉴沿海地区开放发展的经验，采取设立自由贸易试验区，增加出口加工区、保税区等，大力提升陇海—兰新发展轴的对外开放层次。根据轴线地区的区位、经济和社会文化条件，针对丝绸之路经济带沿线国家的特点，构建各具特色的对外开放格局。

第五，总结过去推动陇海—兰新经济带建设的经验及教训，积极借鉴其他地区的一体化发展经验，按照总体设计、分段推进的思路，引导陇海—兰新发展轴沿线地区加强联系，互动发展。

（三）沪昆发展轴

1. 基本情况

沪昆发展轴是依托沪昆高速铁路而建设的一条东西向发展轴。该发展轴由上海、杭州、南昌、长沙、贵阳、昆明等大城市，以及22个其他城市和地区组合而成（参见表7）。2014年，沪昆发展轴的土地总面积为386212平方公里，约占全国土地总面积的4%；总人口为14049.5万人，约占全国总人口的10.3%。

表7   沪昆发展轴的区域构成

空间分布	东段	中段	西段
核心城市	上海、杭州	南昌、长沙	
其他城市和地区	嘉兴、绍兴、金华、衢州	上饶、鹰潭、抚州、新余、宜春、萍乡、株洲、湘潭、娄底、邵阳、怀化	铜仁、黔东南、黔南、贵阳、安顺、黔西南、六盘水、曲靖、昆明

2. 组织功能

沪昆发展轴沿沪—贵—昆高速铁路自东向西经过上海、浙江、江西、湖南、贵州，到达云南，是一条需要大规模建设的发展轴。沪昆发展轴的东段连通长三角增长极，中段横穿长江中游增长极的南部，西段连接西南地区的贵州和云南。一方面为长三角增长极与长江中游增长极提供了第二条互动的通道，为中部地区的江西、湖南和西南地区接受与长三角增长极的辐射带动提供了更好的条件，扩大了长三角增长极的辐射范围。另一方面也是值得重视的一点，沪昆发展轴为打通长三角增长极、长江中游增长极与东南亚、南亚地区的联系提供了更为便捷的通道，有利于与西南地区的贵州、云南形成合力，增强我国与东南亚和南亚的国际经贸合作，推动大湄公河次区域合作及孟中印缅经济走廊建设。

沪昆发展轴位于长江发展轴与东南沿海发展轴之间，加密了我国南方经济空间的东西向轴线。同时，该发展轴自东向西分别与京沪发展轴、京广发展轴、京津—包昆发展轴交汇，北与长江发展轴，南与东南沿海发展轴，形成呼应之势，为沿线地区的经济发展提供了更加广阔的空间，有利于沿线地区从长江经济带发展战略和 21 世纪海上丝绸之路经济带建设中获得发展机遇。

3. 经济基础

沪昆发展轴具备了一定的经济基础。2014 年，沪昆发展轴的 GDP 总量达到 82312.6 亿元，约占全国 GDP 总量的 13%。不过，这里主要是长三角增长极的沿线地区贡献大。总体上，沪昆发展轴的人均 GDP 达到了 58587.7 元，高于全国的人均 GDP 水平，但内部差异显著（参见图 26）。根据世界银行 2014 年的贫富国家划分标准，沪昆发展轴线上的上饶、邵阳、怀化、铜仁、黔东南、安顺、黔西南 7 个城市和地区属于中低收入水平，其余的 11 个城市和地区属于中上等收入发达水平，其中上海、杭州、绍兴、新余和长沙 5 个城市则达到了发达地区的标准。

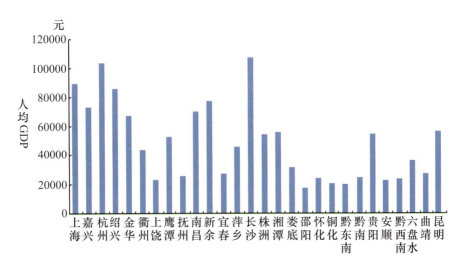

图 26　2014 年沪昆发展轴各城市和地区的人均 GDP

　　近年来，沪昆发展轴保持了良好的增长势头（参见图 27）。2014 年，除了怀化和曲靖外，其他城市和地区的经济增速都在 7% 以上。其中，宜春、长沙、株洲、湘潭、邵阳、铜仁、黔东南、黔南、贵阳、安顺、黔西南、六盘水 12 个城市和地区实现了两位数的增长速度，尤其是属于贵州的部分，增长速度均在 13% 以上。这说明沪昆发展轴的发展潜力正在快速释放。

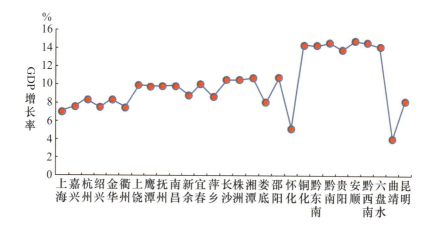

图 27　2014 年沪昆发展轴各城市和地区的 GDP 增长率

　　在产业结构方面，2014 年，沪昆发展轴的三次产业构成为 5.4∶44.9∶49.7。但是，其东段的产业结构与中段、西段差异明显。东段的城市逐步进入了以服务业为主的发展阶段，而中段和西段则主要以第二产业为主。

　　4. 交通条件

　　沪昆高速铁路是建设沪昆发展轴的关键性因素。沪昆高速铁路是国家《中长期铁路网规划》中"四纵四横"的客运专线之一，全长 2264 公里，是连接长三角、中部地区南部与西南地区的一条重要快速交通线。沪昆高速铁路的上海至贵阳段已经建成运营，贵阳至昆明段也即将通车。届时，沪昆高速铁路将根本性地改变沿线地区的交通格局。根据 350 公里/小时的设计时速，从昆明到贵阳 2 小时，到长沙仅需 4 小时，到杭州 8 小时，到上海最快只需要 10 小时。这将大大缩短沪昆发展轴城市和地区的交通时间，形成以上海、杭州、南昌、长沙、贵阳和昆明为核心城市的 1—4 小时经济圈的横向全面覆盖，加快西部贵阳、昆明等中心城市融入东部发达地区的步伐，有助于促进西部地区特别是西南地区的资源优势转化为经济优势。

此外，沪昆发展轴还有沪昆高速公路、普通铁路连接东西。沿线有上海、杭州、南昌、长沙、贵阳和昆明 6 座国际机场及 8 座一般性机场。总体上看，沪昆发展轴的综合交通条件比较好，尤其是快速交通能力比较强。

5. 建设重点

沪昆发展轴是一条正在形成之中的发展轴，其面临的最大问题是沿线城市和地区的经济差异显著。主要是轴线的西段、中段与东段之间的经济实力相差悬殊（参见图 28）。上海在其中一枝独秀。2014 年，上海的 GDP 高达 23560.9 亿元。位于西段的安顺的 GDP 总量最低，为 520.6 亿元。这种巨大的经济实力差异有可能妨碍沿线城市和地区的经济联系。由于经济发展水平不高，实力弱，在沪昆高速铁路开通运行后，沪昆发展轴上部分落后地区将遭遇"过道效应"的冲击。此外，在轴线的西段尚未形成重要的增长极，不利于发展轴东西之间的互动。

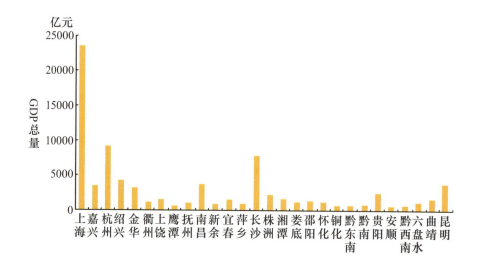

图28　2014年沪昆发展轴各城市和地区的GDP总量

在"十三五"期间，建设沪昆发展轴需要重点做好以下工作。

一是按照计划实现沪昆高速铁路全线开通运营。并以此为契机，统筹规划发展轴的交通走廊建设，通过客货分流，高速铁路与高速公路、航空、普通铁路之间合理分工，形成综合交通运输体系。在铁路建设上，要注意与泛亚铁路建设进行规划对接，留出发展空间。

二是支持轴线西段、中段城市和地区经济发展，使其能够保持较快的增长速度，进入快速发展阶段。以发展制造业为重点，积极承接东部发达地区的转移产业，合理开发本地资源，形成产业优势，增强经济实力，提高经济发展水平。引导东段的劳动密集和资源密集型产业向中段和西段转移，促进东段城市的产业结构升级。通过产业分工，形成较为紧密的互动发展关系。

三是以中段和西段的城市为重点，引导人口集聚，提高城市化水平。加快南昌、长沙、贵阳、昆明等城市建设，增强经济实力，带动其他城市发展，逐步缩小与东段城市的发展差异。

四是把发展轴的经济开发与生态环境建设结合起来，走绿色发展道路。

五是引导轴线上的城市和地区开展合作，通过优势互补，积极参与大湄公河次区域合作和孟中印缅经济走廊建设。

（四）东南沿海发展轴

1. 基本情况

东南沿海发展轴是依托杭—福—深高速铁路、南广高速铁路建设的一条东西向发展轴。该发展轴串联了东南沿海的浙江、福建、广东和广西，由杭州、福州、厦门、广州、深圳、南宁等大城市，以及 19 个其他城市组成（参见表 8）。2014 年，东南沿海发展轴土地总面积为223953平方公里，约占全国国土总面积的2.3%；总人口为14759.2万人，约占全国总人口的10.8%，人口密度达到659人/平方公里。

表8   东南沿海发展轴的区域构成

空间分布	东段	中段	西段
核心城市	杭州	广州、深圳	
其他城市	绍兴、宁波、台州、温州、宁德、福州、莆田、泉州、厦门、漳州	潮州、汕头、揭阳、汕尾、惠州、东莞、佛山、肇庆、云浮	梧州、贵港、南宁

2. 组织功能

目前，东南沿海发展轴依托杭—福—深高速铁路，经过浙江、福建和广东，依次串联了长三角增长极、福建海峡西岸城市群和珠三角增长极，成为连接全国最发达的两个国家增长极，以及海峡西岸经济区，并辐射台湾的重要空间组织轴线。依托南广高速铁路，东南沿海发展轴把广东与广西联系在一起，使珠三角增长极经珠江—西江经济带与北部湾经济区形成呼应。未来，东南沿海发展轴还可以依托建设中的广东西部沿海高速铁路向西与广西北部湾经济区直接相连，形成另一条联系通道。

东南沿海地区是我国对外开放最早、开放程度最高、经济发达的区域，是建设21世纪海上丝绸之路的主要依托区域。建设东南沿海发展轴，可以增强沿线地区的联系，形成参与21世纪海上丝绸之路建设的合力。而且，能够向西辐射，为我国建设中国—东盟自由贸易区提供强大的支撑。

东南沿海发展轴在东段与京沪发展轴相汇，在中段与京广发展轴相交，有利于促进东南沿海地区与内地互动发展，同时，对西南地区也将产生辐射带动作用。

总体而言，东南沿海发展轴是我国最南面的一条发展轴，是多极网络空间发展格局的重要支撑，是我国推动21世纪海上丝绸之路建设的重要空间组织基础。

3. 经济基础

东南沿海发展轴拥有相对雄厚的经济实力，经济发展整体水平高（参见图29）。2014年，东南沿海发展轴的GDP总量为109968.2亿元，约占全国GDP总量的17.3%，仅次于长江发展轴。其人均GDP高达到74508元，远高于全国的人均GDP水平，是所有发展轴中的最高者。根据世界银行2014年的贫富国家划分标准，东南沿海发展轴的整体水平已接近发达国家的水平。除贵港、汕尾属于中低收入外，其他城市都已经进入中高等收入行列。其中，杭州、绍兴、宁波、厦门、深圳、广州、佛山已经达到发达地区标准。

东南沿海发展轴保持了较高的经济增速（参见图30）。其中，2014年，宁德、福州、莆田、泉州、漳州、揭阳、惠州、肇庆、云浮等城市实现了两位数的增长。仅梧州、贵港的经济增速低于 6%。

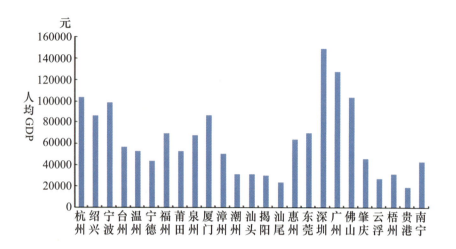

图 29　2014 年东南沿海发展轴各城市的人均 GDP

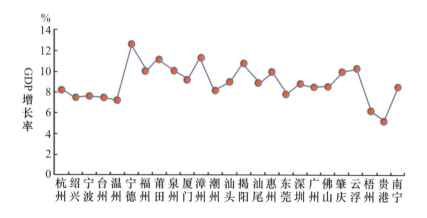

图 30　2014 年东南沿海发展轴各城市的 GDP 增长率

在产业结构方面，2014 年，东南沿海发展轴的三次产业构成为 4：46.9：49.1，总体上呈产业结构高级的趋势。但是，轴线上各城市之间的产业结构存在差异。杭州、福州、厦门、广州、深圳等城市的服务业逐渐在经济增长中占据主要地位，其他城市的第二产业仍然是经济增长的重要动力。

4. 交通条件

东南沿海发展轴的交通条件优良。在快速交通方面，杭—福—深高速铁路、南广高速铁路均已建成运营。杭—福—深高速铁路成为浙江、福建和广东东部沿海地区之间的快速交通通道，基本消除了普通铁路运输"瓶颈"，增强了轴线地区之间的互动。南广高铁使南宁至广州的旅客列车运行时间由此前的16个小时缩短至3个小时，成为广西接入珠三角增长极的快速通道。总体上，依托高速铁路，东南沿海发展轴基本形成了以杭州、厦门、广州、南宁为中心的3小时交通圈全覆盖。东南沿海发展轴还拥有发达的航空运输，共有10座国际机场和5座一般机场，其中8座国际机场的客流量超500万人次。此外，轴线地区的高速公路也十分发达。

东南沿海发展轴的水运条件优越。从杭州到深圳、广州，有由宁波、福州、厦门、深圳、广州等重要海港组成的海上运输线。从广州经西江可直达广西南宁，是我国仅次于长江的内河运输线。

总体而言，东南沿海发展轴基本形成了以高速铁路、高速公路、航空，以及普通铁路、海洋运输和内河运输所构成的分工有序的综合运输系统。

5. 发展重点

东南沿海发展轴虽然总体发展水平高，但各城市间的经济实力相差很大（参见图31）。2014 年，广州的 GDP 总量最高，达到 16706 亿元，独占全国 GDP 总量的 2.6%，深圳位居第二。云浮的 GDP 总量最低，为 664 亿元。从合作发展来看，广东与广西的合作发展意愿强烈，先后合作推进了珠江—西江经济带建设、南广高铁经济带建设，并取得了初步成效。反观杭—福—深高速铁路沿线，至今没有形成高铁经济带建设设想。

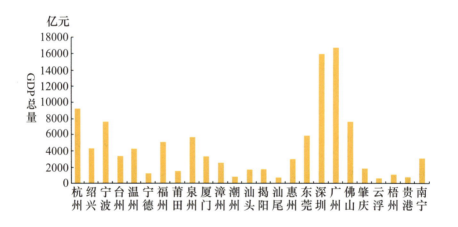

图 31　2014 年东南沿海发展轴各城市的 GDP 总量

在"十三五"期间，东南沿海发展轴建设的重点如下。

第一，增进发展轴沿线城市的经济交流，共同编制和实施东南沿海发展轴规划，推动东南沿海发展轴进入整体建设阶段。借助于珠三角增长极和长三角增长极，带动其他城市加快发展，形成协调互动发展新局面。

第二，统筹协调各种交通方式，建设综合交通走廊。根据需要，适时分段启动沿杭—福—深高速铁路的第二条高速铁路建设。整治西江航道，增大内河水运能力。可考虑将正在修建的广东西部沿海高速铁路与广西北部湾高速铁路、海南高速铁路衔接，扩大东南沿海发展轴的发展空间。

第三，引导轴线上发达城市的劳动密集型和资源密集型产业向经济实力较弱的城市转移，尤其是沿南广高速铁路向广西转移，为这些地区经济发展注入新能量。对于轴线上的发达城市，要继续推进产业升级，形成以先进制造业和现代服务业为主体的现代产业结构。在广州、深圳、杭州、厦门等城市，要大力提升创新发展能力，率先形成创新发展格局。

第四，按照《推动共建丝绸之路经济带和 21 世纪海上丝绸之路的愿景与行动》的部署，以服务于 21 世纪海上丝绸之路建设为导向，以自由贸易试验区为抓手，创新对外开放方式，加大全面开放的力度，在全国提早建成高水平开放型经济体系。

第五，以建设 21 世纪海上丝绸之路为契机，创新与香港、澳门、台湾的合作，吸引港澳台地区参与东南沿海发展轴建设。

（五）京广发展轴

1. 基本情况

京广发展轴是依托京广高速铁路、京广铁路、京广高速公

路，以及京广航空运输线路而建设的一条十分重要的南北发展
轴。京广发展轴由北向南依次串联了北京、河北、河南、湖北、
湖南、广东省市，由北京、石家庄、郑州、武汉、长沙、广州
6个大城市和20个其他城市组成（参见表9）。2014年，京广
发展轴的土地总面积为292454平方公里，约占全国国土总面积
的3%；总人口18601.9万人，约占全国总人口的13.6%；人
口密度高达636人/平方公里。

表9　　　　　　　　　　京广发展轴的区域构成

空间分布	北段	中段	南段
核心城市	北京	郑州、武汉、长沙	广州、深圳
其他城市	保定、石家庄、邢台、邯郸	安阳、鹤壁、新乡、许昌、漯河、驻马店、信阳、孝感、咸宁、岳阳、株洲、衡阳、郴州	韶关、清远、东莞

2. 组织功能

京广发展轴是多极网络空间发展格局中一条十分重要的南
北向发展轴。自北向南，京广发展轴串联了环渤海增长极、中
原增长极、长江中游增长极和珠三角增长极，在所有发展轴中，
连接的国家增长极最多，是沟通我国南北两大经济空间，促进
南北区域经济互动发展的十分重要的空间组织轴线。

京广发展轴纵贯南北，分别与东南沿海发展轴、沪昆发展
轴、长江发展轴、陇海—兰新发展轴四条东西向发展轴相交，

对于沟通它们之间的联系，具有重要的作用。特别是，对于实施21世纪海上丝绸之路建设、长江经济带发展、丝绸之路经济带建设等战略，京广发展轴能够发挥不可替代的联通作用。

总而言之，京广发展轴可以将珠三角增长极、环渤海增长极的经济能量引入中部地区，有利于促进中部崛起，并经由长江中游增长极和中原增长极而分别对长江经济带建设、丝绸之路经济带建设产生积极影响。同时，聚集上述区域的经济能量，经由珠三角增长极而对21世纪海上丝绸之路建设产生重要影响。在多极网络空间发展格局中，东南沿海发展轴无疑具有沟通南北，连接东西的枢纽功能。

3. 经济基础

京广发展轴的经济实力较强。2014年，京广发展轴线的GDP为121472.48亿元，约占全国GDP总量的19%。人均GDP达到了65301元，高于全国平均水平。根据世界银行2014年贫富国家划分标准，京广发展轴整体上已经达到中上等收入地区标准（参见图32）。其中，北京、武汉、长沙、广州和深圳5个城市已达到高收入发达地区水平，其他城市也已达到中高等收入发达地区的水平，仅邢台尚属于中低收入水平。

京广发展轴的经济增长趋势总体较好（参见图33）。2014年，除了邢台和邯郸的增速低于7%之外，其他城市的增速都在7.5%以上。其中，鹤壁至韶关的16个城市的经济增速高于

8.5%，鹤壁、长沙、株洲和郴州城市还实现了两位数的增长。

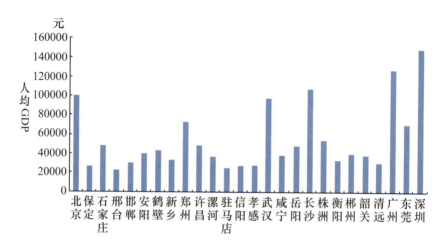

图 32　2014 年京广发展轴各城市的人均 GDP

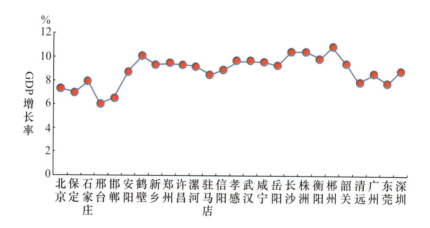

图 33　2014 年京广发展轴各城市的 GDP 增长率

在产业结构方面，2014 年，京广发展轴的三次产业构成为 5:42.6:52.4，总体上呈现出工业化中后期的特征。其中，北京、石家庄、郑州、武汉、长沙、广州、深圳等大城市的产业结构已经升级为以现代服务业为主，其他城市则多以第二产业为主。

4. 交通条件

京广发展轴拥有包括高速铁路、高速公路、航空等快速交通，以及普通铁路、普通公路和水运在内的综合交通走廊，交通条件相对优越。沿发展轴，主要有京广高速铁路、京广高速公路、京广铁路，以及以北京、郑州、武汉、长沙、广州和深圳为枢纽的航空运输线，共同构成了京广发展轴的南北交通大通道。

特别是京广高速铁路开通运营后，使得从北京至广州的旅行时间缩短至8小时，基本形成了以北京、石家庄、郑州、武汉、长沙、广州为中心的1—3小时交通圈的全面覆盖，显著地改善了京广发展轴的交通条件。同时，京广高铁促进了铁路客货分线运输，极大地释放了既有京广铁路的运输能力，有效缓解了南北向的煤炭、石油、粮食等重点物资运输的"瓶颈"制约。总体上看，京广高速铁路开通运行以来，对促进沿线城市的合作与交流，引导珠三角增长极、京津冀地区的产业向中部地区转移，发挥了重要作用。

另外，京广高速铁路与沿线航空运输、高速公路运输的竞争，促进了京广发展轴快速交通发展的竞争，对优化运输结构起到了积极作用。

5. 建设重点

京广发展轴面临三个主要发展问题。一是沿线地区虽然经济发展水平总体相对较高，但是经济实力相差较大（参见图34），国家增长极的核心城市北京、郑州、武汉、长沙、广州、深圳的经济实力远高于其他城市，而且它们之间存在着产业层次上的明显差异。二是交通发展不能完全满足快速增长的交通需求，尤其是对快速交通需求的满足不够。京广高速公路拥堵是常态，京广高速铁路也日趋紧张，航空运输经常延误，等等。三是沿线地区合作发展的进展有限，一体化发展尚未启动。

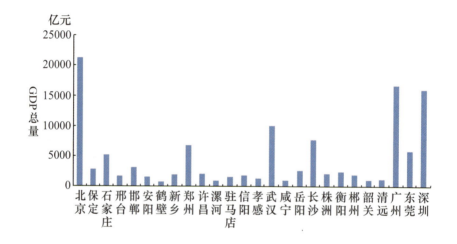

图 34　2014 年京广发展轴各城市的 GDP 总量

在"十三五"期间，京广发展轴建设要重点解决上述问题。

第一，继续推进京广发展轴的快速交通建设，构建大容量、高速度、综合协调的快速交通大通道。在继续释放现有高速铁路、高速公路运能的同时，积极规划、适时推动第二条京广高速公路和高速铁路建设。以国内中长距离运输和国际运输为主，扩大北京、郑州、武汉、广州和深圳的枢纽机场建设，引导航空运输与高速铁路形成合理分工。

第二，引导沿线地区产业协调发展。一是继续推动珠三角增长极、环渤海增长极的传统制造业向京广发展轴的沿线地区转移，为发展现代服务业和先进制造业腾出空间。二是在北京、郑州、武汉、广州、深圳等核心城市，大力发展生产性服务业，在沿线其他城市集中发展先进制造业，改造提升传统制造业，把京广发展轴建设成为我国重要的制造业集聚带。

第三，合理引导人口向京广发展轴集聚，加快城市化进程，形成我国重要的南北向城市带。坚持走新型城市化道路，强化环境污染治理，提高绿色发展水平。

第四，积极推进一体化发展。可考虑采用分段推进的方式。即在广东—湖南—湖北段，借助珠三角增长极和长江中游增长极的双向辐射，推动沿线地区一体化发展；在北京—河北—河南段，借助环渤海增长极和中原增长极的双向辐射，推动沿线地区一体化发展。最终，实现京广发展轴的一体化。

（六）京沪发展轴

1. 基本情况

京沪发展轴是依托京沪高速铁路、京沪高速公路、京沪航空运输，以及京沪铁路等而形成的一条南北向发展轴。该发展轴由北京、天津、济南、南京、上海等直辖市和省会城市，以及 14 个其他城市组成（参见表 10）。2014 年，京沪发展轴的土地总面积为 165708 平方公里，约占全国总面积的 1.7%；总人口 15800 万人，约占全国总人口的 11.5%；人口密度达到 954 人/平方公里，是所有发展轴中人口密度最高的发展轴。

表 10   京沪发展轴的区域构成

空间分布	北段	中段	南段
核心城市	北京、天津	济南	上海、南京
其他城市	廊坊、沧州	德州、泰安、济宁、枣庄、徐州	宿州、蚌埠、滁州、镇江、常州、无锡、苏州

2. 组织功能

京沪发展轴由北向南串联了北京、天津、山东、安徽、江苏和上海，是联通我国北部沿海地区的一条重要的南北发展轴。京沪发展轴北端连接环渤海增长极，南端连接长三角增长极，是促进我国这两大重要国家增长极互动发展的纽带。

从多极网络空间发展格局看，京沪发展轴是一条空间关系十分广泛的发展轴。京沪发展轴与长三角与东南沿海发展轴相连，共同构成了我国东部沿海地区的重要空间组织轴线。同时，京沪发展轴在徐州与陇海—兰新发展轴相交，在长三角与长江发展轴相汇，可与这两条重要的东西向发展轴形成互动。此外，京沪发展轴在北京分别与京广发展轴、京津—沈哈发展轴、京津—包昆发展轴相连。总体上看，京沪发展轴对全国区域经济发展有着广泛的重要影响，尤其是对北方经济空间的影响重大。

3. 经济基础

京沪发展轴的经济实力强，经济发展水平高。2014 年，京沪发展轴的 GDP 总量达到 130282.21 亿元，约占全国 GDP 总量的 20.5%。人均 GDP 达到 82455 元，远高于全国平均水平。按照世界银行 2014 年的贫富国家划分标准，京沪发展轴整体上已经达到了发达国家的标准。其中，北京、天津、济南、南京、镇江、常州、无锡、苏州和上海 9 个城市达到了发达国家的收入水平，其余 10 个城市达到了中高等收入国家的水平，仅宿州尚处于中低收入发展水平（参见图 35）。

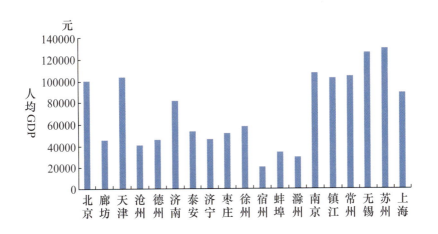

图 35　2014 年京沪发展轴各城市的人均 GDP

京沪发展轴的经济增速较高。2014 年，除了北京、上海外，其他城市的 GDP 增长率都在 8% 以上，高于全国的 GDP 增

长率。其中，天津、德州、徐州、蚌埠、南京、镇江、常州7
个城市实现了两位数的增长（参见图36）。

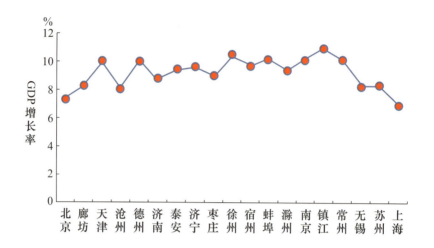

图36　2014年京沪发展轴各城市的GDP增长率

在产业结构方面，2014年，京沪发展轴的三次产业构成为
3.4:41.4:55.2，呈现出工业化中后期特征。

4. 交通条件

京沪发展轴有由京沪高速铁路、京沪高速公路、京沪航空
运输，以及京沪铁路等组成的发达交通走廊。其中，京沪高速
铁路建成运行后，由北京到上海仅需5个小时，成为京沪发展
轴最为便捷的快速交通通道。正是京沪高速铁路使京沪发展轴
建设迈上了新台阶。此外，京沪高铁与徐兰高铁交会于徐州，
与沪汉蓉线交会于南京、上海等，而且，京沪发展轴分布有北
京、上海、天津、南京等8座国际机场，具有连接国内外发达
的航空运输条件。京沪高速公路和京沪铁路也是十分繁忙的运

输线。总之，京沪发展轴的交通条件是相当优越的。

5. 建设重点

京沪发展轴虽然经济总体水平高，但沿线地区却是南北两端奇高，中间低洼的经济空间分布格局（参见图 37）。因此，加快中间地区的崛起是京沪发展轴要解决的一个重要问题。此外，京沪发展轴的快速交通需求增长很快，京沪高速铁路已逐渐满足不了日益增长的客运需求了。发展快速交通，是京沪发展轴需要解决的另一个重要问题。如何通过一体化发展，提升京沪发展轴的空间组织能力，也是一个需要面对的问题。

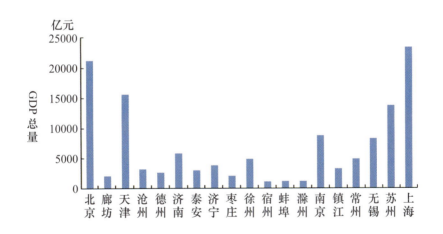

图 37　2014 年京沪发展轴各城市的 GDP 总量

在"十三五"期间，建设京沪发展轴，需要做好以下工作。

一是通过合理组织客货运输，发挥高速铁路、航空和高速公路各自的优势，释放快速交通的潜力，服务于沿线地区对快速交通的巨大需求。同时，积极筹备建设第二条京沪高速铁路，加大高速公路密度，加强北京、上海等枢纽机场建设，形成更加强大的快速交通能力。

二是加强环渤海增长极和长三角增长极对沿线地区的双向辐射带动，加快京沪发展轴中间区段的经济发展。在产业发展方面，中间区段要积极发展先进制造业，促进传统产业升级，形成制造业集聚带，与发展轴南北两端的现代服务业形成分工发展格局。

三是走新型城市化道路，引导人口向发展轴集聚，形成高水平的城市密集带。

四是以产业转移和生态环境治理为契机，抓住京津冀协同发展重大战略机遇，开展多种类型、多个层次的区域合作，推动京沪发展轴一体化发展。

（七）京津—沈哈发展轴

1. 基本情况

京津—沈哈发展轴是以环渤海增长极为依托，南北纵贯东北地区的发展轴。该发展轴包括北京、天津、沈阳、长春和哈尔滨等直辖市和省会城市，以及 12 个其他城市（参见表 11）。2014 年，京津—沈哈发展轴的土地总面积为 226304 平方公里，约占全国总面积的 2.3%；总人口为 10473.6 万人，约占全国总人口的 7.6%；人口密度达到 463 人/平方公里。

表 11 　　　　　　　京津—沈哈发展轴的区域构成

空间分布	南段	北段	东段
核心城市	北京、天津	沈阳	
其他城市	廊坊、唐山、秦皇岛、 葫芦岛、锦州、盘锦	铁岭、四平、 长春、哈尔滨	辽阳、鞍山、 营口、大连

2. 组织功能

京津—沈哈发展轴是我国东北地区的重要空间组织轴线，也是沟通华北地区和东北地区的重要轴线。其南端分别连接环渤海增长极的辽中南地区和京津地区，能够为东北沿线地区经济发展输入动力。

此外，京津—沈哈发展轴是我国与俄罗斯、韩国、日本开展国际贸易合作的重要通道，也是我国东北方向联通世界的重要轴线。

3. 经济基础

京津—沈哈发展轴的经济发展基础较好。2014 年，京津—沈哈发展轴的 GDP 总量达到了 82475.3 亿元，约占全国经济总量的 13%。人均 GDP 达到 78746 元，远高于全国的平均水平。按照世界银行 2014 年的贫富国家划分标准，京津—沈哈发展轴整体水平已经达到了发达地区的标准。其中，北京、天津、唐山、盘锦、沈阳、鞍山和大连 7 个城市达到了发达地区的收入水平，其他城市也都达到了中高等收入水平（参见图 38）。

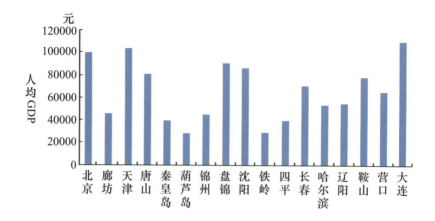

图38 2014 年京津—沈哈发展轴各城市的人均 GDP

京津—沈哈发展轴的经济增速较低。2014 年，除天津、廊坊、北京之外，其他城市的经济增速多在 6% 左右，但是铁岭的增速甚至低于 2%（参见图 39）。

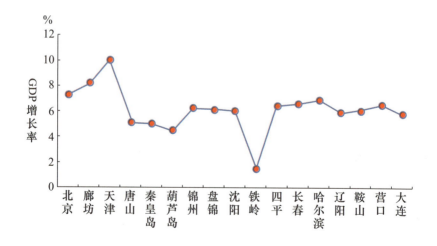

图39 2014 年京津—沈哈发展轴各城市的 GDP 增长率

在产业结构方面，京津—沈哈发展轴表现出了工业化中后期的产业结构特征。2014 年，其三次产业构成为 5.2 : 41.7 : 53.1。

其原因，一是与北京、天津、大连等城市的服务业占比重大有关；二是与东北沿线地区第二产业发展相对滞后有关。

4. 交通条件

京津—沈哈发展轴交通条件较为优越。陆路交通、航空及水运交通方式齐全，而且线网密度大。除了普通铁路之外，京哈高速铁路、哈大高速铁路对京津—沈哈发展轴的建设意义重大。这两条高速铁路分别自北京、大连途经河北、天津、辽宁、吉林、黑龙江，在沈阳与沈大线、沈丹线、沈吉线等相交会，在哈尔滨与滨州、滨绥、滨北等铁路干线相衔接，是京津—沈哈发展轴的重要快速交通通道。

此外，京津—沈哈发展轴的航空运输和海运也较发达，拥有北京、天津、沈阳、长春、哈尔滨5大客流超千万人次的国际机场。沿黄海和渤海还分布有天津、唐山、大连、秦皇岛、葫芦岛、锦州、营口等海港。由此，可以沟通我国沿海其他地区，以及韩国、日本、俄罗斯和其他国家。

5. 建设重点

从经济发展实力看，京津—沈哈发展轴南重北轻的格局非常明显（参见图40）。2014年，北京的GDP总量高达21330.8亿元，天津GDP达到了15722.47亿元。与其他城市形成了悬殊的差距。目前，该发展轴的东北沿线地区正处于比较艰难的产业结构调整时期。所以，把京津与沈哈沿线地区整合在一起，有利于京津对沈哈沿线进行必要的经济辐射，增强其发展动力。

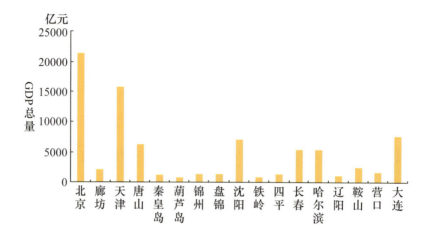

图 40   2014 年京津—沈哈发展轴各城市的 GDP 总量

首先，在"十三五"期间，建设京津—沈哈发展的首要任务是以《中共中央国务院关于全面振兴东北地区等老工业基地的若干意见》为指导，坚定推进产业结构升级，构建以先进制造业和战略性新兴产业为主导的产业结构；依靠深化全面改革，增强经济发展活力，力争形成新的良好增长趋势。

其次，积极利用"一带一路"建设，尤其是欧亚大陆桥建设的机遇，创新与韩国、日本及俄罗斯等国家的合作，在国际合作中寻求新的发展空间。

最后，打破长期以来在东北地区内部进行合作的思维定式，加强与京津冀和内地其他区域的联系，开展更加广泛的区域合作。借助区域合作，从市场需求、技术创新和思想观念等多个方面，破解制约区域经济发展的困局。

（八）京津—包昆发展轴

1. 基本情况

京津—包昆发展轴是以京兰高铁、银西高铁、渝西高铁和渝昆高铁为依托，从北京、天津经包头、西安、重庆直达昆明，南北纵贯西北和西南地区的发展轴。该发展轴由北京、天津、呼和浩特、银川、西安、重庆、昆明 3 个直辖市和 4 个省会城市，以及 15 个其他城市组成（参见表 12）。2014 年，京津—包昆发展轴的土地总面积为 504724 平方公里，约占全国总面积的 5.2%；总人口为 13252 万人，约占全国人口的 9.7%；人口密度达到 263 人/平方公里。

表 12　　　　　京津—包昆发展轴的区域构成

空间分布	北段	中段	南段
核心城市	北京、天津	西安	重庆
其他城市	廊坊、张家口、大同、乌兰察布、呼和浩特、包头、巴彦淖尔、乌海	石嘴山、银川、吴忠、庆阳、咸阳、安康	泸州、宜宾、昭通、昆明

2. 组织功能

京津—包昆发展轴是我国西部地区的纵向发展轴，串联了成渝增长极和关中增长极，从而把西部地区南北两大国家增长极联系了起来，有利于这两大增长极互动发展。该发展轴的北端连接环渤海增长极，有利于发挥环渤海增长极对其在内蒙古、银川境内的北段沿线地区的辐射带动作用，并使关中增长极与环渤海增长极有了直接联系的通道。

京津—包昆发展轴分别于重庆、西安与长江发展轴和陇海—兰新发展轴相交，不仅有利于西部地区与中部和东部地区更好地形成发展互动，而且还在空间上衔接了丝绸之路经济带建设、长江经济带发展这两个战略，使其南北呼应，扩大了影响面。

总之，京津—包昆发展轴是多级网络空间发展格局中的一条重要的南北发展轴，对于加强西南与西北的联系，平衡东、中、西发展空间，具有重要作用。

3. 经济基础

京津—包昆发展轴已具有一定的经济规模。2014 年，其 GDP 总量达到 82848.47 亿元，约占全国 GDP 总量的 13%。人均 GDP 为 62516.3 元，高于全国的人均 GDP 水平。根据世界银行 2014 年的贫富国家划分标准，京津—包昆发展轴整体上已经接近发达地区的水平，其中，北京、天津、呼和浩特、包头、乌海等已达到高收入发达地区的标准。除昭通属于中低收入外，其他多数区域则属于中高等收入水平（参见图 41）。

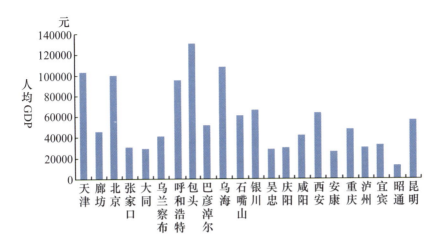

图 41　2014 年京津—包昆发展轴各城市和地区的人均 GDP

在经济增速方面，京津—包昆发展轴各城市和地区之间差异较大。2014 年，除张家口、石嘴山和昭通的经济增速在 5%左右外，其他城市和地区的经济增速都在 7% 以上，其中，天津、庆阳、咸阳、安康、重庆和泸州 6 个城市实现了两位数的增长（参见图 42）。

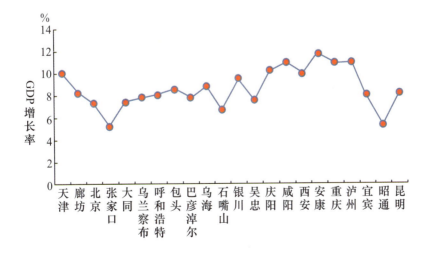

图 42　2014 年京津—包昆发展轴各城市和地区的 GDP 增长率

2014 年，京津—包昆发展轴的三次产业构成为 4.8：41：54.2。第三产业和第二产业在经济增长中占据主导地位。

4. 交通条件

高速铁路是建设京津—包昆发展轴的一个重要影响因素。根据国家的高速铁路建设规划，京兰高速铁路、银西高速铁路、渝西高速铁路与渝昆高速铁路建成后将显著缩短该发展轴北京至昆明的旅行时间，为发展轴沿线地区提供了一条重要的快速交通通道。其中，京兰高速铁路可使北京至银川的时间缩短至 3 个多小时，而银西高速铁路可使银川至西安的旅行时间压缩至 3 小时；渝西高速铁路使得从西安至重庆的旅行时间压缩至 2 小时；渝昆高速铁路使得从重庆到昆明的旅行时间缩短至 3 小时。依靠这些高速铁路，基本形成以北京、呼和浩特、银川、西安、重庆和昆明为中心对京津—包昆发展轴的 3 小时交通圈全覆盖。此外，京津—包昆发展轴在西安连接了徐兰高速铁路、在重庆与沪汉蓉高速铁路交会，并与沪贵昆高速铁路在贵阳至昆明段融合，从而能够便捷地沟通陇海—兰新发展轴、长江发展轴、沪昆发展轴。

京津—包昆发展轴还拥有北京、天津、呼和浩特、银川、西安、咸阳、重庆和昆明 8 座国际机场和 10 座一般性机场。与高速铁路相配合，航空运输可以有效地提高京津—包昆发展轴的快速交通能力。

5. 建设重点

京津—包昆发展轴虽然具有较大的经济规模，沿线有北京、天津、呼和浩特、包头、银川、西安、重庆、昆明等区域中心城市，但是沿线地区的经济实力差异是非常显著的（参见图43）。该发展轴面临两个主要的发展问题，一是沿线城市和地区之间经济联系比较松散，对于各城市和地区而言，东西向的经济联系多胜于南北向的联系；二是自然环境相对不如东部和中部地区，经济发展的自然限制因素较多。

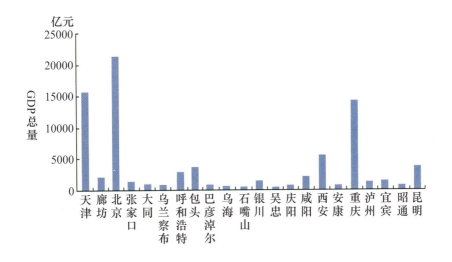

图 43　2014 年京津—包昆发展轴各城市和地区的 GDP 总量

在"十三五"期间，京津—包昆发展轴的建设重点有以下几个方面。

一是抓紧建成京兰高速铁路、银西高速铁路、渝西高速铁路与渝昆高速铁路，借助于高速铁路把沿线城市和地区真正地连接为一体。同时，大力发展航空运输，加强与国内外的联系。

二是抓住实施丝绸之路经济带建设、长江经济带发展战略的机遇，积极承接产业转移，开展与东部和中部地区的合作，开展与丝绸之路沿线国家的经济贸易往来，加快经济发展步伐，进一步壮大发展轴的经济实力。同时，根据丝绸之路经济带、长江经济带发展战略部署，大力推动发展轴的对外开放，创新开放方式，提高开放发展的水平。

三是积极推动发展轴的一体化发展。根据该发展轴分为西北和西南两大部分的情况，可采取先分别推进西北段、西南段一体化，然后，逐渐推动发展轴的整体一体化。

四　加快完善三大经济联系网络

经济联系网络是多极网络空间发展格局的重要组成部分。目前，我国的快速交通网络、信息网络和企业空间组织网络都有了长足的发展，为构建多极网络空间发展格局提供了有利条件。

（一）快速交通网络

我国的快速交通网络由高速铁路网络、高速公路网络和航空网络组成。其中，高速铁路网络主要担负七大国家增长极之间、八大国家发展轴沿线的中长距离运输，高速公路网络主要负责国家增长极内部城际的短距离运输，航空网络则主要承担七大国家增长极之间、七大国家增长极核心城市与边远区域之间的远距离运输。

1. 高速铁路网络

2015年我国高速铁路营业里程已经达到1.9万公里，提前完成了《中长期铁路网规划（2008年调整）》所设定的任务。规划建设"四纵四横"高速铁路骨干线路中的四纵线路已经建成运营，四横线路的部分路段也已建成通车，其余部分路段正在建设之中（参见图44）。

高速铁路是改变全国区域经济联系和发展格局的一个重要因素。近年来，我国高速铁路网络正在快速形成，网络化程度显著提高（参见表13）。具体呈现出以下几个特征。

其一，高速铁路覆盖面广。已经建成的高速铁路基本上覆盖了50万以上人口的城市。内地31个省区市，只有云南、西藏、宁夏还没有高速铁路运行。

其二，高速铁路网络的网络化程度快速提升。从高速铁路联通的全部城市来看，从2010年到2015年，高速铁路网络的网络距离由2010年的4.635下降为1.943，这说明随着高速铁路的建设，城市间可达性显著增加，城市间的联系更为便捷和紧

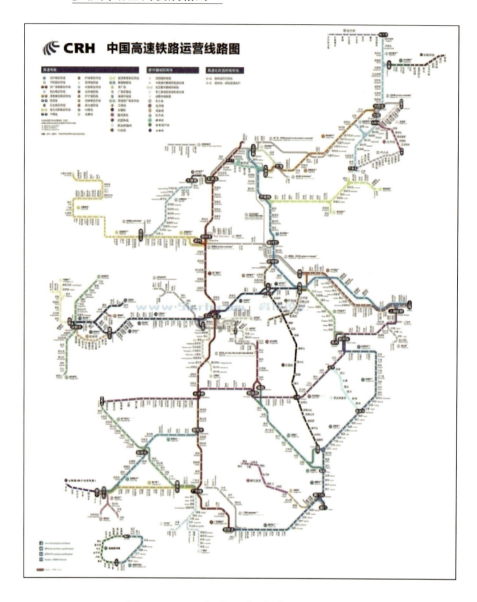

图44　2016 年我国高速铁路运行线路

资料来源：www.51crh.com 高铁论坛。

密。高速铁路网络的网络密度由 0.203 增加到 0.604，表明城市间交通联系通道大幅度增多。高速铁路网络的中心势由

83.7%下降为43.2%，表明随着高速铁路网络的发展，各城市间的交通条件差距在不断缩小。

表13 高速铁路网络的网络特征

网络特征	高速铁路连通的城市（全样本）			七大国家增长极的城市		
	2010年	2013年	2015年	2010年	2013年	2015年
网络距离	4.653	2.613	1.943	2.117	1.973	1.281
网络密度	0.203	0.452	0.604	0.445	0.593	0.719
中心势	83.7%	59.2%	43.2%	39.0%	23.4%	11.2%

其三，连通七大国家增长极之间的高速铁路网络基本成型，网络化程度高。2015年，以七大国家增长极城市计算的高速铁路网络的网络距离是1.281，网络密度是0.719，中心势是11.2%，均显著优于现有的高速铁路整体网络。目前，七大国家增长极的所有核心城市都有多条高速铁路连接，大部分非核心城市也有高速铁路连接（参见图45）。从城市之间高速铁路运行的频次看，以北京、郑州、武汉、长沙、广州为主要节点的京广高速铁路和以北京、济南、上海为主要节点的京沪高速铁路是七大国家增长极之间高速铁路网络中通行频次最高的两条线路，也是现有全国高速铁路网络的主干。这两条高速铁路主干线串联了环渤海增长极、长三角增长极、中原增长极、长江中游增长极和珠三角增长极。

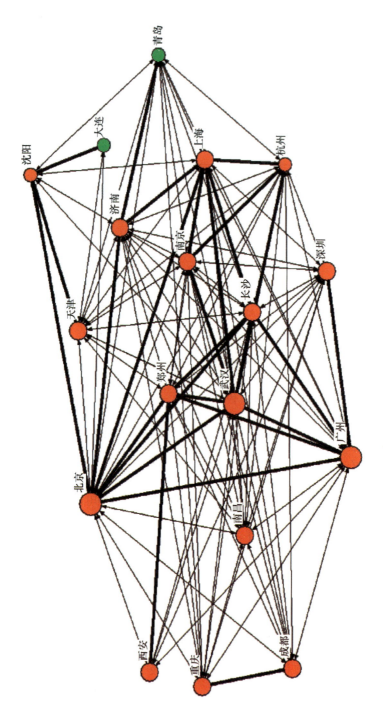

图 45　七大国家增长极的高速铁路网络层级

注：国家增长极的核心城市用红色标识，国家增长极中的非核心城市用绿色标识。带箭头的连线代表了两节点城市间的联系，连线

的粗细反映了两城市高速铁路通行频次的高低，连线越粗相则顺次越高，交通联系越频繁和便利。

　　高速铁路网络对原有的铁路交通网络格局产生了重要的影响。从各城市的中心度看（参见表 14），北京、武汉、广州、长沙四个城市占据了高速铁路网络最为核心的位置。这也反映了环渤海增长极、长江中游增长极，以及珠三角增长极的核心城市在高速铁路网络中得到了优先发展。此外，依据测度结构洞指数的效率规模、效率、限制度、等级度四个指标可以发现，北京和武汉占据了高速铁路网络的结构洞位置，成为连接增长极核心城市的关键节点。特别是，武汉取代郑州，成为高速铁路交通网络中重要的中转站点，为长江中游增长极和长江发展轴建设提供了有利条件。

　　其四，在空间分布上，已经建成的高速铁路网络主要集中于东部地区和中部地区，西部地区、东北地区处于高速铁路网络的边缘位置。尤其是位于西部地区的关中增长极和成渝增长极仍处于高速铁路网络的边缘。就目前来看，我国高速铁路网络仍主要集中在中东部地区，高速铁路网络在四大经济区域的分布具有较大的不平衡性。一方面，这是由中东部地区的高人口密度、地理位置以及较好的财政收入来决定的，有其必然性；另一方面，也反映了这些省份对于高速铁路建设的积极性。如何引导西部地区的高速铁路建设，增强其与其他区域间的经济联系，是需要考虑和解决的问题。除此之外，我们认为，在后续的高速铁路建设中，应在现有高速铁路网络的基础上，增加城际客运专线的建设，提升各条线路间互联互通的能力，这将进一步提升我国高速铁路的网络化程度。

表 14　　七大国家增长极核心城市的高速铁路网络结构特征

核心城市	中心度	效率规模	效率	限制度	等级度	独立度
北京	17.00	6.18	0.36	0.22	0.02	27.05
武汉	16.00	4.75	0.30	0.23	0.01	10.38
广州	15.00	3.67	0.24	0.25	0.01	5.58
长沙	15.00	3.67	0.24	0.25	0.01	5.58
杭州	14.00	3.86	0.28	0.26	0.02	14.85
济南	14.00	3.14	0.22	0.26	0.01	4.58
南昌	14.00	3.71	0.27	0.26	0.02	14.47
南京	14.00	2.57	0.18	0.26	0.00	2.28
上海	14.00	3.29	0.24	0.26	0.01	5.15
郑州	14.00	3.14	0.22	0.27	0.01	4.27
天津	13.00	3.77	0.29	0.28	0.01	11.24
深圳	12.00	2.33	0.19	0.31	0.01	2.44
重庆	11.00	2.09	0.19	0.33	0.01	1.69
成都	10.00	1.40	0.14	0.36	0.00	0.50
沈阳	7.00	2.14	0.31	0.48	0.02	2.67
西安	6.00	1.00	0.17	0.56	0.00	0.00

2. 高速公路网络

作为快速交通网络中的重要组成部分，我国高速公路网络的发展起步较早，现阶段的网络发育程度较高。相对于高速铁路建设初期所面临的争议，高速公路建设伊始便得到了中央政府及地方政府的高度重视。自 20 世纪 90 年代我国第一条高速公路（上海至嘉定高速公路）建成通车后，我国高速公路建设得到了快速的发展。尤其在21世纪初期，我国高速公路的建设进入高峰期，从1997年底至2015年底，高速公路里程由4777公里快速增长到12.53万公里，高速公路网络化程度大幅提高。

高速公路是中短距离运输的主要交通方式。从多极网络空间发展格局建设来看，我国高速公路网络具有以下特征。

第一，在国家增长极内部，高速公路是城市间联系的主要交通方式之一。当前，在七大国家增长极内部，高速公路已实现了全覆盖，形成了较高密度的、发达的高速公路网络。

第二，在国家增长极之间，高速公路也是重要的交通运输方式。高速公路不仅在中短距离的运输中占有重要地位，甚至在长距离运输中也发挥着重要的作用。京港澳高速公路、京沪高速公路、沪蓉高速公路、连霍高速公路是连接七大国家增长极的重要交通通道。

第三，高速公路网络覆盖面最广，通达性最高，是七大国家增长极辐射其主要服务区域的重要依托，也是八大国家发展轴建设的重要依托。截止到2015年，高速公路建设已经实现了"市市通"，地级市基本上已全部由高速公路网络实现互联。同时，高速公路的"县县通"也已经取得了快速的进展，高速公路网络在短途运输上的作用日益重要。

从发展来看，由于高速铁路以中远程运输为主，需要较大和较稳定的客流量，对于数量众多、分布广泛的小城市和农村乡镇而言，基本不具备建设高速铁路站点的条件。而高速公路网络的发展正好弥补了高速铁路网络的不足。一方面，高速公路能够方便地逐级联通各级城市与乡镇，实现不同层级区域的紧密衔接，有利于增强七大国家增长极内部及相互之间、国家增长极与国家发展轴之间，以及它们与广大的经济区域之间的经济联系，促进一体化发展。另一方面，高速公路可以便捷地连通高速铁路站点、机场，实现高速铁路网络、航空网络与高速公路网络的有机衔接，真正形成高速铁路、航空、高速公路各展所长的快速交通网络。

3. 航空网络

我国的航空网络有了较快的发展。2015 年，我国大陆地区共有 210 个民用航空（颁证）机场。其中，206 个机场有定期航班通航，有定期航班通航城市达 204 个。与 2011 年相比，民用航空（颁证）机场增加了 30 个，定期航班通航机场增加了 28 个。从客货运量看，2011—2015 年，国内旅客吞吐量由 57116.8 万人增加到 82895.5 万人，增长了 45.1%；国内货邮吞吐量由 750.2 万吨增加到 918.0 万吨，增长了 22.4%。

总体上，航空网络表现出三个特征。一是机场布局相对平衡，除了中南地区外，其他区域的机场数量大体相当（参见表 15）。机场布局格局与各区域对航空交通的需求相适应。西北、西南及东北（包括内蒙古）地处全国经济空间的外围，对能够克服自然环境条件限制的航空运输需求强烈，因此，机场布局数量较多，与其他区域差距不大。二是机场运输量严重不平衡（参见表 15）。无论是旅客吞吐量，还是货邮吞吐量，华东地区都居首位，尤其是货邮吞吐量占了全国的 40.7%。次之是中南地区。北方区域地域广阔，但只位居第三。西南和西北两个区域的运输量均比较小。这主要是各区域的经济和社会发展水平，以及人口规模等影响所致。三是枢纽性机场在航空网络中的地位突出。2015 年，旅客吞吐量大于 1000 万人的机场共有 26个，其旅客吞吐量占了全国的 77.9%。其中，位居前三位的北京首都机场、上海浦东机场和广州白云机场共占全国旅客吞吐量的 22.4%，旅客吞吐量大于 3000 万人的 9 个机场共占了42.9%。在货邮运输方面，集中度更高。上海浦东机场、北京首都机场、广州白云机场和深圳宝安机场的货邮运量均超过了100 万吨，占全国的 54.7%。其他机场的货邮运量均在 60 万吨以下。

航空网络是快速交通网络的一个组成部分。从构建多极网络空间发展格局的需要出发，我们认为，在"十三五"及未来，要以发挥航空运输快速直达和连接国际的优势，与高速铁路和高速公路形成合理分工，共同构建全国快速交通网络为导向，重点从以下几个方面优化和完善航空网络结构。

表 15 2015 年全国民航机场数量及运输量分布

区域	机场		旅客吞吐量（%）	货邮吞吐量（%）	备注
	数量（个）	比重（%）			
北方（华北、东北）	50	23.8	21.8	19.9	北京、天津、黑龙江、吉林、辽宁、河北、内蒙古、山西
华东	44	21.0	29.1	40.7	上海、山东、江苏、浙江、安徽、江西、福建
中南	30	14.3	23.7	25.9	河南、湖北、湖南、广东、广西、海南
西南	46	21.9	16.8	9.9	重庆、四川、云南、贵州、西藏
西北	40	19.0	8.6	3.6	陕西、甘肃、青海、宁夏、新疆

注：区域划分依据《全国民用航空机场布局规划分布图（2020）》。

第一，将七大国家增长极建设成为航空网络的枢纽。主要是在每一个国家增长极选择1—2个条件好的城市作为航空网络枢纽的建设重点（参见表16）。在这些城市中，上海、北京、广州、深圳、成都的航空运输基础好。但都不同程度地面临着如何进一步提升航空运输能力的问题，需要规划建设第二机场或者增加新的机场跑道。武汉、郑州、重庆及西安的航空运输发展基础相对较弱，但发展趋势较好，潜力大。尤其是郑州于2013年获批成为全国首个航空经济综合实验区。因此，建议从国家实施"一带一路"战略出发，通过增开国际直达航线，提升这些城市在国际航空网络中的地位，使之分别成为七大国家增长极连接世界经济体系的枢纽。同时，增加七大国家增长极之间的直达航线和航班，进一步加强七大国家增长极之间的经济联系。

表 16　　　　　　国家增长极的航空枢纽城市及机场

增长极	核心城市及机场	2015 年的航空运量名次	
		客运	货运
珠三角增长极	广州，白云机场 深圳，宝安机场	3（白云机场） 5（宝安机场）	3（白云机场） 4（宝安机场）
长三角增长极	上海，浦东机场 上海，虹桥机场	2（浦东机场） 6（虹桥机场）	1（浦东机场） 6（虹桥机场）
环渤海增长极	北京，首都机场	1	2
长江中游增长极	武汉，天河机场	13	17
中原增长极	郑州，新郑机场	17	8
成渝增长极	成都，双流机场 重庆，江北机场	4（双流机场） 9（江北机场）	5（双流机场） 11（江北机场）
关中增长极	西安，咸阳机场	8	14

第二，将"四横四纵"发展轴上的省会及以上城市建设成为航空网络的重要节点。这些城市的航空运输功能包括三个方面，一是连接省区内的支线机场，成为支线机场群中心；二是加强与上述航空枢纽城市的联系，成为全国航空网络的重要节点；三是增开国际航线，接入国际航空网络，与上述航空枢纽城市配合，共同建设我国通向世界的航空走廊。

第三，优化航空网络结构，规划建设六大机场群。即以环渤海国家增长极为中心的华北、东北机场群，以长三角国家增长极为中心的华东机场群，以珠三角国家增长极的华南机场群，以长江中游国家增长极和中原国家增长为中心的中部机场群，以成渝国家增长极为中心的西南机场群，以关中国家增长极为中心的西北机场群。这些机场群是全国航空网络的子网络。建设的重点是，以各大区域的边缘城市为对象，新建支线机场，扩大航空网络的覆盖面。按照100公里的服务半径，争取到2020年，实现《国家新型城镇化规划（2014—2020）》提出的"民用航空网络不断扩展，航空服务覆盖全国90%左右的人口"目标。

第四，做好与高速铁路网络和高速公路网络的分工。一方面，在中东部地区，航空线路主要服务于高速铁路3小时车程以上的中长距离运输；在西部及东北地区，航空线路主要服务于非高速铁路沿线区域。另一方面，在七大国家增长极内部，严格控制新增机场，城市之间的快速交通应以城际轨道交通和高速公路网络为主，以避免航空运力浪费和机场恶性竞争。此外，在城市内部，通过规划和建设协调，建立航空与高速铁路、高速公路站点的快捷联系系统，提升快速交通网络的综合服务能力。

4. 快速交通网络建设重点

从构建多极网络空间发展格局需要看，在"十三五"期间，建设快速交通网络的建设重点主要在以下几个方面：

第一，继续推进高速铁路网络建设（参见图46）。一是加快建成杭长昆客运专线、青太客运专线、宁汉蓉客运专线、徐兰客运专线，形成"四纵四横"高速铁路骨干网。同时，根据八大国家发展轴建设需要，延长"四纵四横"高铁线路。二是加强沟通七大国家增长极与其主要服务区域之间的区际高速铁路、跨省区市的区际高速铁路建设，与骨干网配合，形成具有较高网络化水平的发达高速铁路网络。三是积极推进七大国家增长极内部的城际轨道交通网络建设，并便捷地接入高速铁路网络，成为高速铁路网络的重要的组成部分。四是加快西部地区和东北地区的高速铁路网络建设，扩大高速铁路网络的覆盖范围。规划建设七大国家增长极之间新高速铁路线路，增加高速铁路网络的密度。

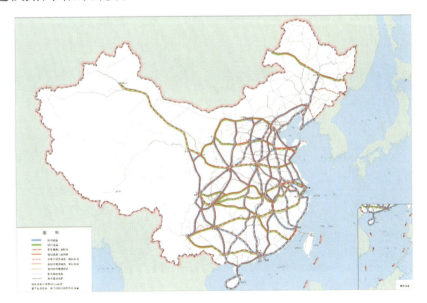

图46 高速铁路网络中长期规划示意（2030年）

资料来源：《中华人民共和国国民经济和社会发展第十三个五年规划纲要》。

第二，加快推进高速公路"县县通"工程，实现高速公路网络对所有县域的全覆盖，把全国所有的县域接入快速交通网络。在七大国家增长极内部及沿八大国家发展轴，规划修建新的高速公路，加大高速公路网密度。彻底解决跨省区的高速公路"断头路"问题。

第三，优化航空网络布局（参见图47）。一是将七大国家增长极建设成为连接国内外的航空枢纽。二是把国家增长极之外、八大国家发展轴上的省会及以上城市建设成为航空网络的重要节点。三是在内陆边疆地区、非高速铁路站点城市等，新建支线机场，进一步扩大航空网络覆盖范围。四是依托环渤海

图47　民用运输机场规划布局示意（2030 年）

资料来源：《中华人民共和国国民经济和社会发展第十三个五年规划纲要》。

增长极、长三角增长极、珠三角增长极、长江中游增长极和中原增长极、成渝增长极、关中增长极，规划建设面向其主要服务区域的六大机场群，实现航空网络内的有序分工。

第四，统筹协调，做好快速交通网络的顶层设计，实现高速铁路网络、高速公路网络、航空网络之间的有机衔接，建成发达的综合快速交通网络。其中，把七大国家增长极的核心城市建设成为综合快速交通网络的枢纽。

（二）信息网络

我国的信息网络实现了跨越式的发展。根据宽带中国网站（http：//www.bbmap.cn）的信息，截至2015年12月，全国FTTH（光纤入户）覆盖家庭达到了44582.5万户，固定宽带用户达到21337.3万户，无线宽带用户达到78532.5万户。信息网络的发展，一方面加快了全国各区域之间的信息传递速度，扩大了信息传递的空间范围及规模，从而对推动劳动力、人口、资本、技术等在更广大的空间里有序流动，促进产业转移等发挥了重要作用；另一方面还加快了互联网交易网络的发展，互联网交易网络正在发展成为我国一种规模巨大、覆盖面广泛的经济联系网络。我们运用阿里巴巴旗下的淘宝网提供的城市间的网络购物交易数据，绘制了城市之间的互联网购物交易网络（参见图48）。

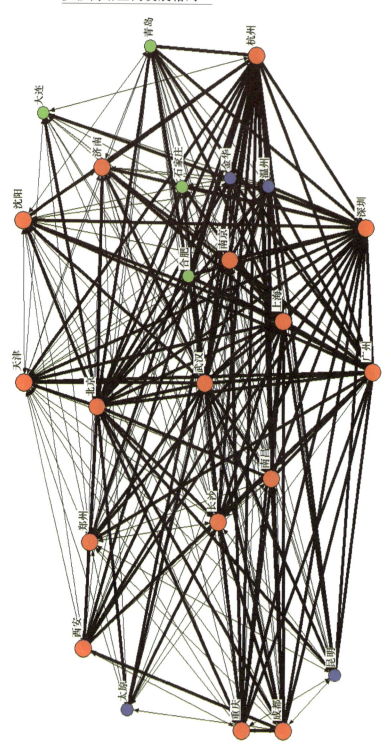

图 48 基于淘宝网数据的城市互联网购物交易网络

从区域经济发展的角度看，信息网络的总体发展水平还有待大幅度的提高。目前，信息网络的问题主要集中在以下三个方面。

第一，信息网络覆盖面有限。根据宽带中国网站（http：//www.bbmap.cn）的数据，2015 年全国的固定宽带家庭普及率只有 39.9%。在 31 个省区市中，只有 14 个省区市的固定宽带普及率高于全国平均水平（参见图 49）。福建省的普及率最高，达到 60.21%，而普及率最低的云南仅有 24.8%。

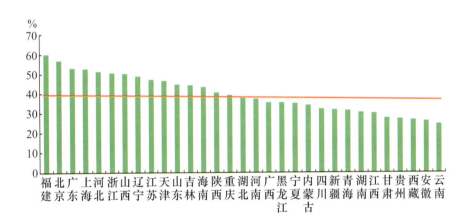

图 49　各省区市固定宽带家庭普及率（截至 2015 年 12 月）

资料来源：笔者根据宽带中国网站（http：//www.bbmap.cn）数据整理。

第二，信息网络的速度较低。根据 Akamai（全球最大的 CDN 公司）发布的 2015 年第四季度 State of the Internet 报告，全球宽带平均连接速度是 5.6 Mbos，而中国宽带平均连接速度

是 4.1Mbos，在世界排第 89 位。根据宽带中国网站（http：//
www.bbmap.cn）的数据显示，全国的宽带忙闲综合平均可用下
载速率是 9.46Mb/s。就各省区市来看，也只有 14 个省区市的
宽带忙闲综合平均可下载速率高于全国水平（参见图 50）。广
西的网速最低，宽带忙闲综合平均可下载速率仅为 7.76Mb/s。

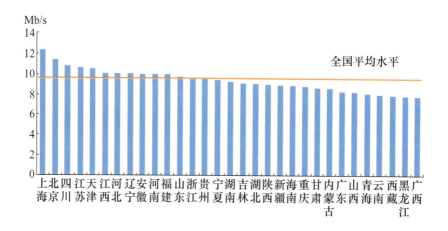

图 50　各省区市宽带忙闲综合平均可用下载速率（2016 年第一季度）

第三，信息网络发展空间不平衡显著。全国 FTTH（光纤入
户）覆盖家庭主要分布在东部沿海省区市（海南除外），中部
地区的河南、湖北、湖南，以及西部的四川，西部地区相对较
少（参见图 51）。

其中，固定宽带用户主要分布在广东、山东、江苏、浙江、
河南、河北等省，其次是四川、福建、湖北、辽宁、湖南、安
徽、山西和陕西，其他省区市的固定宽带用户数量相对较少。

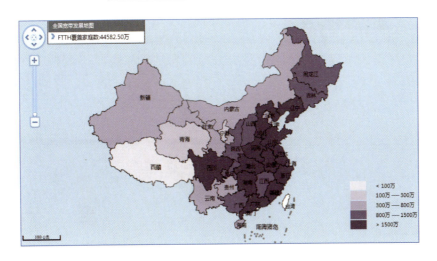

图 51　全国 FTTH（光纤入户）覆盖家庭数量（截至 2015 年 12 月）

资料来源：宽带中国，http：//www.bbmap.cn。

从固定宽带用户普及率看，福建、广东、北京、上海、河北、浙江相对较高，其他省区市则比较低（参见图 52）。无线宽带用户的空间分布同样不平衡。广东、江苏、山东、河南、浙江、四川、河北的无线宽带用户最多，其次是湖南、湖北、福建、北京、辽宁、安徽、陕西、上海、广西，其他省区市的无线宽带用户数量较少（参见图 53）。

信息网络是经济联系网络的重要组成部分，也是现代区域经济发展的一个十分重要的影响因素。从构建多极网络空间发展格局的需要考虑，我们认为，需要从以下几个方面加强信息网络建设。

图 52   全国固定宽带用户分布（截至 2015 年 12 月）

资料来源：宽带中国，http://www.bbmap.cn。

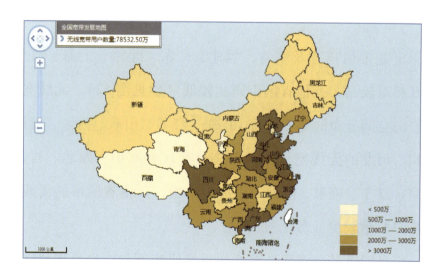

图 53   全国无线宽带用户分布（截至 2015 年 12 月）

资料来源：宽带中国，http://www.bbmap.cn。

首先，加强信息网络基础设施建设。以建设全光网为导向，继续大力实施由国务院发布的《“宽带中国”战略及实施方案》。按照分步骤有序建设的原则，重点提升七大国家增长极和"四横四纵"国家发展轴的信息网络基础设施水平，保证其网速达到发达国家的水平。重点是，积极推动高速宽带、4G 网络、5G 网络、IPv6 网络等网络基础设施建设。在七大国家增长极及八大国家发展轴上的节点城市，超前布局下一代互联网，率先建成下一代互联网示范城市。

其次，扩大信息网络的覆盖范围。一是通过降低信息网络服务资费，提高居民家庭使用信息网络的积极性。二是将光网建设向中小城镇、乡村延伸，扩大信息网络的空间覆盖范围。

再次，着力解决信息网络发展空间不平衡问题，积极推进中西部欠发达地区的信息网络建设，特别是小城镇和乡村的信息网络建设。

最后，通过制度创新及技术升级，进一步加快电子商务网络和互联网购物网络的发展，使互联网交易网络成为以信息网络为基础的重要经济联系网络。

（三）企业空间组织网络

企业空间组织网络是多极网络空间发展格局中经济联系网络的重要组成部分。企业空间组织网络类型多样。相比于快速交通网络和信息网络，企业空间组织网络更为复杂。依据网络特征明显且对区域经济联系影响显著的特点，我们在 2015 年财富中国网发布的中国企业 500 强名单中选取银行、证券、基金、保险等高级生产性服务业和少数制造业的 30 家代表性企业，分析现阶段我国企业的空间组织网络发展情况。[①] 为更好地展示七大国家增长极之间及其与主要服务区域之间的企业空间组织网络，我们将所获取的 311 个地级市的网络数据进行整理。对于同一省份的网络联系合并为省会城市，以便把握企业空间组织网络的主要特征。图 54 中各个中心城市间连线的粗细反映了城市间企业组织联系的紧密程度，连线越粗则反映两个城市联系越紧密。图 54 显示，企业空间组织网络有以下特征。

第一，企业空间组织网络覆盖面广，基本覆盖了多极网络空间发展格局中的主要区域，全国内地 31 个省区市都在企业空间组织网络之中。

第二，七大国家增长极是企业空间组织网络的最重要节点。亦即企业空间组织网络是以七大国家增长极为节点来构建的。八大国家发展轴上的城市也是企业空间组织网络中的重要节点。这表明，企业空间组织网络与多极网络空间发展格局存在着互动关系。一方面，企业空间组织网络依托七大国家增长极和八大国家发展轴进行构建；另一方面，企业空间组织网络也促进了

①　企业空间组织网络数据由笔者收集和整理，主要数据来源于《中国金融年鉴》。在构建企业空间组织网络时，城市 i 与城市 j 之间的联系强度按照如下方式计算：城市 i 的企业在城市 j 中，如果没有设立机构网点为 0，设立一般机构或网点为 1，设立区域总部为 2。将城市 i 的企业在城市 j 中的分布按上述赋值方法进行计算并求和，即可得到权重矩阵中两城市对应位置要素的值。

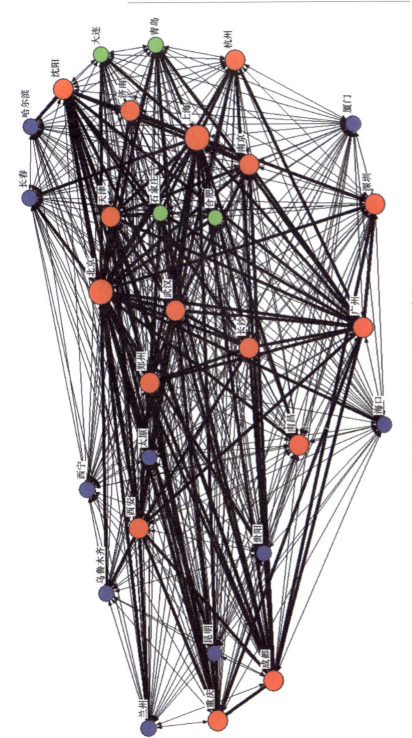

图 54　企业空间组织网络分位

注：国家增长极的核心城市用红色标识，国家增长极中的非核心城市用绿色标识，非国家增长极内的主要城市用蓝色标识。

七大国家增长极和八大国家发展轴的发展。

第三，企业空间组织网络具有明显的层级。一是七大国家增长极中的核心城市组成了企业空间组织网络的第一层级，它们之间的联系明显强于其他城市。二是七大国家增长极中的非核心城市、非国家增长极的城市组成了企业空间组织网络的第二层级。该层级的网络联系强度明显低于第一层级。说明七大国家增长极核心城市在企业空间组织网络中占据主导地位。尤其是，北京、上海、广州、武汉、重庆、成都等核心城市是企业空间组织网络的关键节点。

第四，企业空间组织网络具有局域特征。表现为，企业依托国家增长极构建局域组织网络。对环渤海增长极而言，华北及东北是其企业组织网络的辐射范围，这主要体现在北京作为多数企业总部所在地对于其他城市的带动作用。长三角增长极与长江中游增长极形成了协同效应，对于长江沿岸的省份有着联系和带动作用，核心城市主要为上海、武汉、杭州等城市。对于珠三角增长极而言，其辐射范围主要集中在东南沿海省份以及湖南、江西、海南等邻近省份。相对而言，珠三角增长极仍依赖于广州和深圳的辐射带动作用，它们与其他增长极中的城市联系主要集中在与北京、上海、武汉等核心城市，与其他非增长极的城市间联系较为薄弱。与珠三角增长极类似，成渝增长极形成了重庆、成都两个中心城市紧密联系并对周边城市形成了带动作用。值得注意的是，我国企业空间组织网络在西北地区分布稀疏，增长极的辐射能力和带动作用都较微弱，这也说明了关中增长极发展水平较低，其对于周边省份的经济影响力也较弱。显然，推动西北地区的发展，势必需要以关中增长极的核心城市西安为代表的地方政府加大对重点企业的引进力度，带动其他企业，进而形成联动发展。

总体而言，企业空间组织网络发育水平较高，对于多极网络空间发展格局的发展具有不可或缺的重要作用，十分有利于按照市场规律加强区域经济联系。同时，我们也注意到，受经济发展水平和地理空间因素的影响，西部地区和东北地区是企业空间组织网络的相对薄弱环节。因此，有必要引导相关企业在这些区域建立机构，增强其与其他区域的经济联系。

第三篇

迎接 2020：推动形成多极网络空间发展格局

在"十三五"期间，构建多极网络空间发展格局，事关拓展全国区域经济发展新空间和培育区域经济发展新动力，事关全国经济结构调整和转型升级、进一步增强经济总体实力和国际竞争力。因此，建议国家采取以下主要措施，推动形成多极网络空间发展格局。

一 促进中西部国家增长极加快发展

与分布于东部地区的珠三角增长极、长三角增长极和环渤海增长极相比，分布于中西部地区的长江中游增长极、中原增长极、成渝增长极和关中增长极，无论是发展基础，还是综合实力，都存在较大的差距。因此，需要把促进中西部国家增长极经济发展摆在优先位置。只有加快发展中西部四大国家增长极，形成中西部地区经济发展的强劲引擎，才可能有效释放内地巨大的发展潜力，拓展全国经济发展的新空间，也才能真正构建相对平衡、协调发展的区域经济发展总体格局。

1. 优先支持中西部国家增长极发展

应把中西部四大国家增长极作为"十三五"及未来我国区域经济发展的重中之重，在总体发展规划、各项改革和开放政策支持等方面，给予优先考虑。综合运用经济和社会发展政策，为其加快发展创造条件，利用好后发优势，努力保持其持续较快发展的趋势。把中西部四大国家增长极塑造成全国区域经济发展的新热点，激发中西部地区乃至全国的经济发展活力。

2. 引导产业结构调整升级

立足中西部四大国家增长极所处的产业发展阶段，引导其主动调整产业结构，有序推进产业结构升级。一是坚定不移地推进新型工业化，以建立强大的制造业为导向，大力发展先进制造业，积极提升传统制造业，增强以制造业为主体的产业优势。二是继续主动承接国内和国际产业转移，集聚现代产业发展要素和企业。三是以服务于实体经济发展需要为导向，选择性地发展现代服务业，主要包括贸易、运输、物流、金融、科技服务等。四是发挥教育和科技资源相对富集的有利条件，加快建立创新发展的体制机制，培育经济发展的创新动力。

3. 建设开放型经济发展高地

以"一带一路"建设为契机，支持中西部四大国家增长极开放发展，培育开放型经济发展高地。一是在中西部四大国家增长极的核心城市设立自由贸易试验区，将其作为引领四大国家增长极开放发展的龙头。同时，增设综合保税区、出口加工区、保税物流园区等，形成较为完整的开放发展体系。二是在每一个增长极选择若干城市或区域作为国家支持的"构建开放型经济新体制综合试点试验地区"，支持中西部四大国家增长极进行开放发展机制改革和创新。

4. 提高城市化水平

有序推进城市化，提高中西部四大国家增长极的城市化水平。一是积极引导人口向四大国家增长极集聚，提高城镇人口比例。二是重点支持核心城市加快发展，积极发展总部经济，增强增长极的内聚力；引导城市之间实行功能分工，促进协调发展，避免无效竞争。三是实行绿色发展，积极主动地解决已有环境问题，建设良好的生态环境。

5. 建设发达交通网络

加快推进快速交通网络和信息网络建设，为中西部四大国家增长极一体化发展提供优良的基础设施。重点是加快增长极内部的城际轨道交通网络建设，整合高速公路网络和航空网络，形成发达的区域性综合快速交通体系。实现增长极区域内的全光网覆盖，高标准建设高速宽带、4G 网络、5G 网络、IPv6 网络等网络基础设施，加快布局下一代互联网，构建发达的现代信息网络。

6. 开展差异化体制机制创新

在全国顶层设计的总体框架下，给予中西部四大国家增长极进行体制机制改革和创新的自主权，在人才吸引和使用、科技创新、对外开放、引进外资、土地利用、金融、税收，以及社会保障等方面，支持其制定符合本地发展需要的差异化政策。

二　推动东部国家增长极转型发展

位于东部地区的珠三角增长极、长三角增长极和环渤海增长极是我国经济发展水平最高、发展实力最强、国内国际影响力最大的三大增长极，是推动我国经济发展和结构转型的主要引擎。当前，这三大国家增长极都处于转型发展的关键时期，传统发展动力基本枯竭，新的发展动力正在形成之中。因此，顺利实现转型发展是确保东部三大国家增长极进入新的发展轨道，释放新的发展动能的关键，也是继续增强和发挥其国家增长极功能的关键所在。

1. 实现发展全面转型

以增强参与国际竞争的综合实力为导向，准确把握东部三大国家增长极转型发展的大方向。根据培育国际竞争新优势的需要，赋予东部三大国家增长极在创新发展、高水平开放型经济体系建设方面进行改革创新的自主权，积极试验，大胆探索，形成创新发展、开放发展的新气象和新格局，再一次激发出引领全国区域经济发展的巨大能量和热情。在"十三五"期间，基本实现经济发展方式、产业结构、城市化、区域一体化发展，以及相应的政府管理服务、社会发展的全面转型。

2. 建立现代产业结构

科学推进产业升级，优化产业结构。东部三大国家增长极的产业结构调整已初见成效。当前，要注意处理好产业结构调整和升级中的几个关系。一是在建立现代产业体系过程中，要处理好实体经济发展与虚拟经济之间的关系。总体上，要继续以战略性新兴产业、先进制造业、贸易及物流业为主体，进一步发展好实体经济。防止片面强调发展现代服务业而导致经济发展脱离实体经济，尤其是要预防重蹈部分发达国家和地区因制造业空心化而丧失发展竞争力的覆辙。二是引导增长极内部实行合理的产业分工。重点支持核心城市集中发展生产性服务业，大力提升金融、保险、研发、科技服务、信息、知识产权、国际贸易、物流、商务、法律等发展水平。在其他城市，要重点发展先进制造业，积极发展服务于本地优势制造业的生产性服务业。三是大力发展"互联网＋"等新产业、新业态，促进产业融合发展，探索现代产业发展的新模式。

3. 构建创新发展和开放发展的双动力机制

一方面，要充分利用好创新资源丰富、创新发展环境相对优越的有利条件,大力实施创新发展战略,以科技创新为主导,推动管理、教育、文化、制度等在内的全面创新。另一方面,要抓住"一带一路"建设的重大机遇,以自由贸易试验区为龙头,按照自由贸易的需求,形成产业和空间全覆盖的开放发展新格局。建议把东部三大国家增长极整体列入国家"开放型经济新体制综合试验地区",加快建立高水平开放型经济体系,使之成为引领全国新一轮开放发展的新高地。

4. 推进区域一体化发展

创新一体化发展模式,深化一体化发展进程。环渤海增长极要抓住国家实施京津冀协同发展战略的机遇,探索跨省级行政区域协调发展的新模式,重点设计好京津冀、山东半岛、辽中南之间的一体化发展方案,解决长期存在的环渤海增长极内部联系松散问题。长三角增长极要继续完善一体化发展的机制,积极吸纳更多的城市加入一体化发展,扩大发展规模。珠三角增长极要创新一体化发展模式,把清远和汕尾纳入珠三角增长极,扩大发展空间。利用参与"一带一路"建设的机遇,建立与香港、澳门合作发展的新机制,依靠与港澳的合作,进一步增强发展实力和国际竞争力。

5. 着力提升城市化质量

东部三大国家增长极的城市化水平较高,进一步提升人口城市化率的空间较小。在"十三五"期间,要按照新型城市化的要求，把提升城市化质量摆在城市化的首位。一是采取分散城市功能、科学规划城市发展空间等方式，严格控制核心城市的人口规模，消除各种大城市病产生的根源。二是采取机构搬迁与新建相结合，组织内资源共享，互联网开放共享等方式，推动教育、医疗、文化等优质公共服务资源向增长极内的非核心城市流动，实现多种形式的优质公共服务共享，以便引导人口在增长极内部合理分布。三是实行开放、公平、无地域限制的就业和社会保障制度，为人口在增长极内自由、有序的流动创造必要的条件。四是在产业发展和环境治理方面，实现城乡统筹，建设优良的生态环境。

三　大力推进国家发展轴建设

1. 有序推动发展轴建设

依据各发展轴的功能及发展条件，合理安排八大国家发展轴的建设秩序，推动形成"四横四纵"的国家发展轴总体架构。

首先，优先建设长江发展轴、陇海—兰新发展轴、京广发展轴，使之与京沪发展轴、东南沿海发展轴一道，形成国家发展轴的"井"字形主体。其次，继续支持京沪发展轴、东南沿海发展轴，进一步增强东部沿海地区的凝聚力和对内陆地区的辐射带动力。加强京津—沈哈发展轴建设，促进东北地区实现振兴。最后，积极推进沪昆发展轴、京津—包昆发展轴的建设，增加全国南部经济空间的东西向联系通道，打通西部地区的南北经济大通道。

2. 建设综合快速交通体系

推动在建及规划中的高速铁路、高速公路、机场和港口建设。按照建设综合快速交通走廊的要求，协调好这几种交通方式的规划和建设进程，引导形成各条国家发展轴的综合快速交通走廊。

在"四横四纵"国家发展轴交汇处的核心城市及主要城市，通过整合既有快速交通站场，新建大型综合快速交通枢纽等方式，实现相关发展轴综合快速交通走廊的有机衔接，建设现代化的综合快速交通枢纽，使"四横四纵"国家发展轴的快速交通形成一个便捷衔接、畅通高效的快速交通网络。

积极规划和建设沿八大国家发展轴的高速重载货运铁路，进一步推进铁路运输客货分流，提升高速铁路的客货运输能力。

3. 优化沿线产业发展布局

根据各发展轴所处的发展阶段和产业发展基础，合理选择产业结构调整方向和主导产业。处理好制造业和服务业发展关系，实现先进制造业与现代服务协调互动发展，防止步入去工业化的误区。积极发展战略性新兴产业，培育新的产业增长点。

引导具有成本优势的资源加工型、劳动密集型和具有市场需求的资本、技术密集型产业向中西部和东北地区的国家发展轴沿线转移。以各类产业园区为载体，支持发展轴沿线地区开展产业发展合作，合理布局产业链，增强发展轴的产业发展联动性和整体竞争力。

4. 提升开放发展水平

围绕"一带一路"建设的总体战略布局，根据区位和对外开放条件，构建全方位对外开放发展新格局。

一是加强自由贸易试验区在"四横四纵"国家发展轴的布局，增加综合保税区、出口加工区等布局，积极寻求与"一带一路"沿线国家合作建立产业发展园区，合作进行基础创新。

二是积极推广自由贸易试验区的成功经验，根据商品、资金、技术、资源、人员等跨境流动的自由化、便利化的要求，在吸引外资管理、外资市场准入、通关及口岸服务、商事服务等方面，加紧改革和创新，优化市场经济环境。

三是积极推动国家发展轴沿线地区实施"走出去"战略，参与国际竞争。利用国际竞争，提升开放发展的水平。

5. 发挥地方建设发展轴的作用

建设国家发展轴，除了需要国家从多极网络空间发展格局出发，进行顶层设计和统筹协调外，还必须重视发挥地方的积极性和创造性。近年来，广东、广西、贵州主动利用南广高速铁路和贵广高速铁路开通运营的机遇，谋划推动高铁经济带建设，签订高铁经济带合作协议，共建"粤桂黔高铁经济带合作试验区"等合作平台，取得了积极的成效。建议对这些经验进行总结，在国家发展轴沿线地区进行推广。鼓励地方政府之间签订发展轴建设合作协议，打造不同类型的合作平台，逐步推进发展轴的一体化发展。

四　加快建成快速交通网络

1. 统筹快速交通网络建设布局

建设综合快速交通网络，首先要处理好三个统筹关系。

一是要统筹好高速铁路网络、高速公路网络、航空网络这三种快速交通网络的规划，按照构建多极网络空间发展格局的总体要求，依据优势互补、各展所长，全域覆盖、高通达性、有机衔接、便捷换乘等原则，对于原来由不同主管部门编制的高速铁路网络、高速公路网络、航空网络做必要的调整和优化，形成一体化的综合快速交通网络规划。用这个规划指导"十三五"及未来全国的快速交通网络建设。

二是要统筹好各级各类区域发展规划中的交通网络建设。目前，在国家层面，"一带一路"建设，长江经济带发展，京津冀协同发展等战略部署中都有快速交通建设。在地方层面，城市群发展规划，"十三五"经济和社会发展规划纲要等重要的规划里面，也有快速交通建设安排。对于这些规划中的快速交通网络，尤其涉及跨省区市的交通通道，需要依据多极网络空间发展格局的需要，进行必要的调整和优化。

三是要统筹好国内国际两大快速交通网络的衔接。在综合快速交通网络的枢纽及主要交通走廊的建设布局上，做好对接国际快速交通网络的预测和安排，留出充分的发展空间。当前，要重点对接"一带一路"建设规划的中蒙俄、新亚欧大陆桥、中国—中亚—西亚、中国—中南半岛、中巴、孟中印缅六大经济走廊，提早谋划，做好快速交通网络的规划布局。

2. 抓住快速交通网络建设重点

目前，我国快速交通网络已经有了较好的基础。在"十三五"期间，要抓住以下三个建设重点，推动快速交通网络建设上一个新台阶。

一是把七大国家增长极建设成为联通国内国际的现代化综合交通枢纽。重点做好核心城市之间的枢纽功能分工，并使之形成完整的综合交通枢纽系统。

二是沿八大国家发展轴，建设现代化综合快速交通走廊。依托纵贯南北、横联东西的八条交通走廊，与七大综合交通枢纽一道，主导全国的快速交通秩序。

三是建设由七大国家增长极分别与其主要服务区域组成的快速交通局域网络，形成国家增长极与主要服务区域之间的快速交通系统。同时，各个局域网络依靠综合交通枢纽而接入全国快速交通网络，并与相邻的局域网络联通，从而形成层次分明、互联互通、组织有序的综合快速交通网络。

3. 有效整合快速交通建设力量

建设快速交通网络既有稳定经济增长的功效，更有改变经济长期增长条件的作用。当前，从中央到地方，乃至社会大众，建设快速交通的积极性高涨。要抓住这个十分有利的时机，遵照交通先行的规律，把国家、地方和社会多方面的建设力量有效整合在一起，凝聚共识，加快推进快速交通网络建设。

五 提升信息网络水平

提升信息网络水平，要重点从以下两个方面着手。

1. 大力建设新一代信息基础设施

现代化信息基础设施是提升信息网络水平的关键之一。要按照国家《"宽带中国"战略及实施方案》的总体部署，以建成覆盖全国的全光网为目标，大力推进高速宽带、4G 网络、5G 网络、IPv6 网络等网络基础设施建设。在七大国家增长极和"四横四纵"国家发展轴，超前建设下一代互联网，将七大国家增长极的核心城市及八大国家发展轴上的省会城市率先建成下一代互联网示范城市。

进一步扩大信息网络的覆盖范围。积极推进中西部欠发达地区的信息网络建设，力争在"十三五"期间实现宽带网络对中小城镇、乡村的全覆盖。实现城市公共场所 WiFi 全覆盖。大力提高居民家庭使用信息网络的比率。

2. 大力创新互联网服务

一是要督促信息网络运营商大幅度降低信息服务资费，提高信息服务质量，尤其是提高宽带网络速度。力争宽带平均连接速度达到世界中等水平，七大国家增长极和八大国家发展轴的重要节点城市的宽带平均连接速度接近世界先进水平。

二是要加大推进电子政务、电子商务建设的力度，促进公共服务的网络化，建设发达的信息服务平台。贯彻落实国务院《关于积极推进"互联网＋"行动的指导意见》，借助"互联网＋"的大趋势，推动信息服务创新，提高信息服务效能。

三是要按照国务院发布的《促进大数据发展行动纲要》要求，切实推动政府数据、公共数据的开放和共享，丰富信息供给，促进信息消费。

六　统筹协调发展政策

1. 集中政策资源支持国家增长极发展

一是增加国家自贸试验区在长江中游增长极、中原增长极、成渝增长极、关中增长极的布局。以自贸试验区建设，牵引内地四个国家增长极提升对外开放层次和水平。同时，对沿海地区自贸试验区取得的成功经验优先在七大国家增长极推广。把七大国家增长极建设成为我国"十三五"开放发展的新高地。

二是除了已设国家中心城市外，将七大国家增长极内其他具备条件的核心城市确定为国家中心城市，提升这些城市的功能定位，增强其资源整合能力和发展动力。具体地，建议将武汉、成都、西安、郑州、南京、杭州、深圳等设为国家中心城市。将沈阳、济南、长沙和南昌列为国家中心城市培养对象，比照国家中心城市的要求，给予必要的政策支持。

三是增加国家级新区在七大国家增长极的布局。目前，在七大国家增长极中，已经布局的国家级新区有上海浦东新区、天津滨海新区、重庆两江新区、广州南沙新区、西安西咸新区、成都天府新区、长沙湘江新区、南京江北新区等。建议，在珠三角增长极的深圳、长三角增长极的杭州、环渤海增长极的北京、长江中游增长极的武汉、中原增长极的郑州等增设国家级新区。将国家级新区建设成为七大国家增长极改革发展的新引擎。

四是增加国家自主创新示范区在七大国家增长极的布局。目前，在七大国家增长极内已设国家自主创新示范区有北京中关村、武汉东湖、上海张江、深圳、苏南、天津滨海、长株潭、成都高新区、西安高新、杭州、珠三角、河南郑洛新、山东半岛、辽宁沈大。建议，在其余高新技术产业开发区的基础上，整合本地的科技、教育和现代产业等领域的创新资源，在上海、北京、重庆、西安、南昌等地增设国家自主创新示范区。同时，制定相关政策，指导七大国家增长极结合本地的科技和产业基础，围绕构建现代产业体系的需求和国家重大科技创新方向，大力实施创新发展战略，在创新体制机制建设方面率先取得实质性突破，引导创新要素聚集和有效配置，构建跨区域创新网络，推动创新创业，加快发展新经济，探索出各具特色的创新发展道路。把七大国家增长极建设成我国创新发展的高地。

2. 推动国家增长极一体化发展

以一体化发展为导引，加强内部的整合，增强发展合力，是加快七大国家增长极发展的关键之一。为此，建议国家和有关省级政府加强对七大国家增长极一体化发展的指导，以发展规划一体化、区域性基础设施建设一体化、要素市场一体化、产业发展分工和布局一体化、生态环境建设一体化为抓手，建立政府层面的一体化发展领导协调机制，进一步消除阻碍一体化发展的行政因素；鼓励七大国家增长极根据本地经济社会情况，探索和创新一体化发展的机制及政策；推动七大国家增长极内部各类地方政策与一体化发展的规划相协调，理顺总体与局部的政策关系。

近期，要加快七大国家增长极内部的高速铁路和城际轨道交通网络建设，构建 1 小时经济社会联系圈、半小时工作和生活圈，以人口流动、要素流动冲破行政边界、地理边界及时间限制对一体化发展的影响。以环境联合治理为契机，推进七大国家增长极内部产业转移、城市化发展等方面的一体化。

七　发挥好国家顶层设计与地方创新发展的双重作用

1. 发挥国家顶层设计的宏观引领作用

构建多极网络空间发展格局是一个全局性、战略性的大工程，必须发挥好国家顶层设计的宏观引领作用。

首先，建议国家编制多极网络空间发展战略规划。从全局和战略的角度，明确七大国家增长极的范围、功能、经济发展方向和重点，确定"四横四纵"八大国家发展轴的建设顺序及方案，统筹安排快速交通网络、信息网络的建设，提出引导企业跨区域发展形成企业空间组织网络的政策。并对如何推动形成多极网络空间发展格局，提出总体的政策安排。

其次，建议国家建立推动形成多极网络空间发展格局的协调机制。一是建立实施多极网络空间发展战略规划的国务院部际协调机制，领导实施规划。二是针对七大国家增长极和八大国家发展轴的建设，重点在城市化发展、国土开发、重大基础设施和产业发展项目布局、生态环境建设等方面做好国家与地方，以及有关地方政府之间的协调。

最后，建议国家制定多极网络空间发展规划与建设法。用法律的形式，明确国家增长极、国家发展轴，以及三大经济联系网络的规划建设意义、原则、要求和规范等。

2. 发挥地方创新发展作用

地方是构建多极网络空间发展格局的重要主体，必须调动地方的积极性，发挥其创新发展的作用。

建议国家允许地方在多极网络空间发展战略规划的指导下，通过省市之间、省政府领导下的相关地市之间的政府协商，以一体化发展为导向，创新区域合作发展模式及机制。主要包括共建增长极、发展轴的规划和政策协调机制，共建共享的快速交通网络、信息网络投融资机制，产业转移及重大产业发展项目布局的协调机制，引导人口有序流动和社会保障一体化的城市化协调机制，生态环境联合治理机制。

国家增长极选择研究

    区域经济空间组织是指在一定的约束条件下，对区域内或区域之间经济发展的资源和要素进行空间优化配置的过程，是区域经济的一种重要组织形式（覃成林等，1996）。同时，区域经济空间组织模式的演变是区域经济发展、区域经济关系调整和区域发展格局的重要方面。改革开放以来，中国经济实现了长达 30 多年的持续、快速增长，取得了举世瞩目的发展成就。自 2008 年国际金融危机发生以来，中国经济发展进入了新常态。与之相对应，全国区域经济空间组织格局也发生了新的变化。当前，中国区域经济空间组织格局呈现以下特点：珠三角、长三角和环渤海作为国家级的增长极仍然保持着主导全国区域经济发展的地位，同时，区域经济增长的热点出现了向中西部地区转移的态势。因此，在市场和国家政策的双重作用下，中国区域经济空间组织格局开始出现多极增长的现象（贾善铭，2014）。这种变化也已经在国家的有关规划中得到了一定的体现。21世纪以来，国家所发布的国民经济和社会发展、城镇化等规划都不同程度地包含了区域多极增长的构想。例如，《全国城镇体系规划纲要（2005—2020年)》就提出，中国未来城镇空间布局的目标是建设三大都市连绵区和十三个城镇群的结构。《国家新型城镇化规划（2014—2020年)》提出要把城市群建设成为"支撑全国经济增长、促进区域协调发展、参与国际竞争合作的重要平台"，这也体现了区域多极增长的意图。2015年，《中共中央关于制定国民经济和社会发展第十三个五年规划的建议》则明确提出了在"十三五"期间要"培育若干带动区域协同发展的增长极"。2016年2月发布的《国务院关于深入推进新型城镇化建设的若干意见》具体提出了要编制实施一批城市群发展规划，加快建设京津冀、长三角、珠三角、东北地区、中原地区、长江中游、成渝地区、关中平原等城市群。2016年3月5日发布的《政府工作报告》也提出，要以区域发展总体战略为基础，以"三大战略"为引领，形成沿海沿江沿线经济带为主的纵向横向经济轴带，培育一批辐射带动力强的城市群和增长极。可以预见，区域多极增长将在未来我国区域经济发展的总体战略中受到更多的重视。

在学术研究方面，覃成林（2006，2011）提出了多极网络发展战略思想，并将其运用到中国区域经济发展战略中，提出中国要适时调整区域发展总体战略，主张重点建设长三角、大珠三角、环渤海、武汉为中心的长江中游、成渝、中原和关中7个国家增长极，并加强这7个增长极之间的空间组织网络建设，通过建设空间经济网络，促进空间经济系统发展和一体化，以此推动全国区域经济协调发展。薛泽海（2007）认为，未来我国将形成长三角、珠三角、环渤海地区、东北地区、西部地区、中部地区6个大区域增长极。肖金成、欧阳慧等（2012）从国土开发格局的角度指出，进入21世纪后，伴随着区域经济协调发展战略的实施，中国国土空间开发格局出现了新的变化，将逐渐形成以"三核多极，三轴四区"为主体的多核、多轴、片区型的国土空间开发格局。其中，"三核"是指珠三角、长三角和京津冀三大城市群；"多极"是指山东半岛、川渝、辽中南、中原、长江中游、海峡西岸和关中城市群7个城市群；"三轴"是指沿海、京广京哈、长江陇海发展轴；"四区"是指东部、中部、西部和东北地区。赵作权（2012）从优化中国经济空间格局的角度，指出中原地区、长江中下游地区，以及关中平原地区与珠三角地区、东北部地区相比，更邻近全国市场和人口重心，应当在全国经济布局、区域协调发展中发挥更大的作用。梁琦、陈强远、王如玉（2015）则从城市层级体系优化的视角，提出中国应该建设多个具有合适"规模—等级"城市群。樊杰（2015）从主体功能区的视角也认为，全国国土开发应该培育多个增长极。方创琳、毛其智、倪鹏飞（2015）则认为，我国未来空间组织格局将是多个城市群共同组成的。

从以上的分析可以看出，区域多极增长作为区域经济空间组织的一种现象，已经在中国开始出现，同时也得到了政策制定者的认可，以及学术研究的关注。但是，现有研究关于中国国家增长极的确定和数量尚存在不同的看法。笔者认为，存在这些不同看法的主要原因有两个：一是对增长极的认识存在差异；二是由于对增长极认识的不同，所采用的测度方法也不同。为了更好地对中国国家增长极进行分析，笔者对增长极的相关认识、增长极的测度研究进行了分析和比较，以此为笔者选择规模加权经济增长率作为衡量国家增长极的标准提供理论基础。

一　增长极理论发展及评述

（一）增长极理论的提出与发展

增长极理论最早是由法国著名社会经济学派代表人物弗朗索瓦·佩鲁于20世纪50年代提出的。佩鲁在随后的一系列著作中对其进行了发展和完善。佩鲁认为，经济增长并非同时出现在所有的地方，它以不同的强度首先出现在一些增长点或者增长极上，然后通过不同的渠道向外扩散，并对整个经济产生不同的影响。他将在经济空间中起着支配和主导作用的部门称为增长极（Perroux，1950）。增长极最初是用来描述经济空间的增长历程和溢出效应的。佩鲁增长极理论的核心是三个问题，即占支配地位的企业的支配效应，支配型企业与其他企业（或周围地区）之间存在的连锁效应，这种连锁效应产生乘数效应，占支配地位的企业通过这种乘数效应带动其他企业（或外围区）的发展，最终实现分配的均衡，即分配效应（安虎森，2007）。

　　法国经济学家布代维尔继承和发展了佩鲁的增长极理论，尤其是实现了增长极理论由抽象经济空间向地理空间的转向。他指出，增长极不是主导部门，而是主导部门所在的城市，它通过扩散效应带动所在区域腹地的发展；强调不同等级的增长极与其腹地是构成区域空间的最基本结构单元。增长极与腹地这一基本结构单元提出后，学者们针对增长极与腹地之间的关系做了深入研究。美国发展经济学家郝希曼使用"涓滴效应"（trickling – down effect）和"极化效应"对发达地区与落后地区之间的关系进行了研究，指出发达地区会通过增加对外围地区产品的需求产生涓滴效应带动外围地区发展，同时又会通过吸引外围地区的资金、劳动力从而产生极化效应，阻碍外围地区发展。但是，从长远看，涓滴效应最终将超过极化效应并缩小区域差距。瑞典经济学家缪尔达尔也研究了增长极对周边腹地的影响，用"扩散效应"（spread effect）和"回流效应"

（backwash effect）来分析增长极与其腹地之间的关系。他认为，回流效应要远远大于扩散效应，因此，市场的作用是趋向于扩大而不是缩小区域之间的差异。

（二）增长极理论评述及对增长极测度的启示

从理论发展的脉络看，增长极概念经历了由抽象经济空间向区域空间的转变。增长极理论的这一转变表明，经济主体的集聚行为是有空间维度的，就是说经济主体既有单纯的经济集聚，也有空间集聚。经济集聚的本质是经济主体，特别是同类产业的功能集聚，空间集聚则是功能集聚的表现形式。并且，增长极是先验存在的，增长极与腹地构成的空间单元本身是不均衡的，增长极有其自身的空间范围，且随着增长极的发展不断演化（贾善铭、覃成林，2015b）。这一基本认识是笔者衡量增长极的理论基础。这是因为，集聚是增长极的本质特征，集聚又具有两个基本的维度，那就是经济主体与空间。同时，结合增长极在区域经济发展中的作用，笔者认为，只有从经济主体与空间相互作用的视角认识增长极，并在此基础上认识增长极的本质，才能为识别或选择增长极提供更好的理论基础。因此，从经济主体与空间相互作用的视角看，在测度增长极时，要注意以下三个特点：一是要注意空间尺度的把握。不同的空间尺度，增长极的类型是不同的，因此，在一个大国经济体内，增长极是存在层级结构的。二是应该从功能极化的视角，关注增长极在经济体中的作用。三是增长极具有历史特征，会随着经济发展而不断演变，但是在空间上又具有很强的稳定性。在这三个特点的基础上，笔者认为，测度国家增长极时，应该更加关注增长极在经济体发展中的作用。

二　国家增长极测度的相关研究

在明确了国家增长极测度的理论基础后，笔者对相关的测度方法进行分析。这些测度方法主要涉及两个层面。第一个层面是直接对支撑中国经济增长的区域的测度。第二个层面是与国家增长极测度相关的研究，主要包括城市群的识别和测度，以及多中心城市区域的测度两个方面。

（一）支撑中国经济增长的区域测度研究

从中国区域发展战略出发，现有研究对支撑中国经济增长的区域进行了测度。从研究结果看，其选择的区域和国家战略确定的区域是基本一致的，只是数量上存在一定的差异。这印证了国家增长极在空间上的稳定性是很强的。从现有研究采用的方法看，测度主要采用的是单指标法和指标体系法两种。

在最新的研究中，单指标法中比较有代表性的工作是史育龙、贾若祥和党丽娟（2016）做的。他们以中国4个直辖市和334个地级行政单位为基本空间单元，通过计算各单元经济增量对全国经济增长贡献率的变化，同时考虑各单元经济的绝对规模，提出重庆、成都、昆明、遵义、武汉等 50 个单元可以视为对全国经济增长具有重要支撑作用的增长新空间。

多指标法中比较典型的是侯永志、张永生和刘培林等（2015）的研究。他们提出了支撑经济增长的战略性区域的概念，并且指出这类区域是对全国经济增速有较大贡献的区域，具备经济增速较快、经济总量较大、形成辐射带动的连片区域三个特征。为识别这类区域，他们从结构转换和要素集聚两个方面构建了两组六个指标的指标体系，以我国 285 个地级市为研究对象，用六个指标进行了六轮筛选，得到了支撑未来中国经济增长的 6 个新战略性区域，分别是环渤海经济区、长江经济带、海峡西岸城市群、北部湾城市群、成渝都市圈、西安都市圈。再加上珠三角地区和长三角地区两个原有战略性区域，他们的研究共得到 8 个支撑中国经济增长的战略性区域。

（二）城市群的识别和测度

城市群是我国在经济发展水平、速度、实力和活力等方面最具有发展前景的空间单元，决定着我国经济发展的态势和格局（林先扬、周春山，2006）。同时，城市群将成为未来中国经济和人口集聚的主要载体，既是人口居住的密集区，也是支撑一个国家（或地区）经济发展、参与国家竞争的核心区（顾朝林，2011）。从国家战略层面看，国家增长极在未来更多的应该是以城市群为主体。因此，城市群的识别研究对笔者确定国家增长极提供了有益的启示。

在城市群识别标准方面，尽管各个学者所提出的标准有所差异，但是，至少在以下四个方面达成了基本一致。一是人口密度大；二是非农人口比例高；三是城市联系紧密；四是具有合理的城市等级体系。

在城市群识别方法方面，有两类界定与识别方法，分别是实证法和模型法。实证法是通过一系列测度指标和数据来确定城市群。模型法主要是通过几何图、数学算法等手段划分城市群（王丽、邓羽、牛文元，2013）。实证法的基本思路是，首先从识别标准角度选择相应的指标，构成城市群识别的指标体系，然后运用主成分分析、因子分析等方法对指标体系进行定量分析，最终确定城市群的空间范围和数量。模型法则主要是借助引力模型、Voronoi 图、图论（顾朝林，1992）、标准差椭圆（赵作权，2012）、MSS – Tree 算法（牛方曲、刘卫东、宋涛等，2015）、比较时空格局分析（Comparative Tempo – Spatial Pattern Analysis）（Ye & Rey，2013）等。

（三）多中心城市区域的测度

因为笔者最终的目的是提出未来中国区域经济增长将呈现出多极网络的空间结构，所以在国家增长极测度过程中必须对相关的研究方法有详细了解。从欧盟空间发展规划的形成和发展历程看，结合增长极空间尺度的分析，笔者认为，多中心城市区域可以看成区域经济多极增长在城市（或城市群）层面的体现。因此，多中心城市区域的测度研究对国家增长极的测度具有很好的借鉴价值。

多中心城市区域提出后，如何有效地描述一个多中心城市区域成为理论研究的一个重要方面，这就催生了多中心城市区域的测度研究。对于多中心城市区域的测度，比较有代表性的方法有空间密度模型（SDM）、首位度、帕累托分布、基尼指数、怀特指数、相对弥散指数（CRD）、最小二乘线性估计和多中心城市可达性（覃成林、李红叶，2012）。其中，影响最大和应用最广的是由欧盟资助的两个项目 POLYNE 和 ESPON 中所采用的测度方法。

POLYNET 项目提出的多中心城市区域的测度方法主要有：基于位次—规模准则的图表分析法、自包容（self – containment）测度法和功能多中心指数法。分别用以测度区域的形态多中心程度、本地就业工人在当地就业的情况和功能多中心程度（Hall & Pain，2006）。有的学者还在此项目的基础上提出了互锁网络模型，并运用连通性分析方法（connectivity analysis）和模糊聚类分析方法（fuzzy clustering analysis）对英国的多中心城市区域进行了分析（Taylor et al.，2007）。ESPON 项目组也提出了测度多中心城市区域的指标体系。

从上述两个项目所采用的指标，可以看出以下的不同之处。POLYNET 项目对多中心城市区域的测度是从形态学和功能学两个视角展开的，而 ESPON 项目主要关注的是多中心城市区域的功能多中心程度（参见附表 1 - 1）。其实，与多中心城市区域内涵关注形态学和功能学两个方面的特征相对应，有学者也提出了从形态学和功能学两个视角测度多中心城市区域的方法。在形态学方面，主要采用的城市首位度和位次—规模准则（Gabaix，1999）两个指标；在功能学方面，则是关注城市之间联系的结构（EI 指数）、城市之间联系的强度（DI 指数和 RSI 指数），以及城市联系的对称性（NSI 指数和 LSI 指数）（Veneri & Burgalassi，2012）。此外，还有学者通过构建 O - D 矩阵（Kocak et al.，2014）对多中心城市区域进行测度。

附表 1 - 1　　　ESPON 项目测度多中心城市区域的指标和权重

ESPON project1. 1. 1 采用指标		ESPON project1. 4. 3 采用指标	
一级指标	二级指标	指标	权重（%）
功能性城市区域的规模分布（33%）	根据人口确定的功能性城市区域位次—规模分布回归直线的斜率（10%）	所考察功能性城市区域在国家总人口中所占的份额	14.3
	根据人口确定的最大功能性城市的首位度（40%）	所考察功能性城市区域在居民 2 万以上的功能性城市区域人口中所占份额	14.3
	根据 GDP 确定的功能性城市区域位次—规模分布回归直线的斜率（10%）	所考察功能性城市区域在居民 5 万以上的功能性城市区域人口中所占份额	14.3

续表

ESPON project1.1.1 采用指标		ESPON project1.4.3 采用指标	
一级指标	二级指标	指标	权重(%)
功能性城市区域的规模分布(33%)	根据 GDP 确定的最大功能性城市的首位度(40%)	功能性城市区域与居民 2 万以上的较小功能性城市区域人口的平均偏差	14.3
功能性城市区域的区位指数(33%)	城市市场服务面积规模的基尼系数	功能性城市区域与居民 5 万以上的较小功能性城市区域人口的平均偏差	14.3
功能性城市区域城市之间的连通性(33%)	功能性城市区域可达性与人口的回归系数(50%)	居民 2 万以上的功能性城市区域人口的标准差	14.3
	城市可达性的基尼系数(50%)	居民 5 万以上的功能性城市区域人口的标准差	14.3

资料来源:作者根据 ESPON 研究报告整理。

(四)对增长极测度的启示

通过上述方法的分析,笔者发现,无论是单指标还是多指标对支撑中国经济增长的区域研究,其所得结果与国家战略确定的区域是基本一致的,而且与中国城市群测度的结果也基本相符。这说明,无论是哪一种方法,其基本的理论前提就是前文分析指出的,其研究更多关注增长极的功能,即某一区域在经济体经济发展中的作用。从非均质空间(贾善铭、覃成林,

2015a）的视角看，由于中国幅员辽阔，要素禀赋条件的分布不均匀，因此，在路径依赖和循环累积因果的作用下，国家增长极的空间布局是很稳定的。同时，结合欧盟多中心城市区域的测度方法，尽管其更加关注多中心城市区域内城市与城市之间的结构，但是其更加强调的是城市在多中心城市区域的功能。这进一步说明，在大国经济体的尺度上，选择国家增长极应主要考察其在所选区域的作用，同时，分析的基本空间单元应该是城市，在中国是地级（及以上）市。

三　我国的国家增长极选择

（一）选择原则

从增长极的本质看，其是经济主体与空间相互作用、相互融合的一个区域。因此，在时间上增长极是不断演化的，在空间上增长极是分层次的。基于这两个特点，结合增长极的现有研究，笔者认为，作为一个大国经济体，中国在选择国家增长极时应该注重其动态演化性和空间依赖性。因此，中国的国家增长极应该是有能力支撑中国经济的多个增长核心区。增长核心区是指由区域内主要增长中心城市与其周边若干次级增长中心及周围地区所共同形成的经济社会要素密集、对区域经济发展具有组织作用，代表区域发展竞争力的经济活动集聚区（覆成林，2002）。以此认识为基础，并结合增长极本质的分析，笔者确定了选择中国国家增长极的三个基本原则。一是中心城市必须对中国经济具有很强的支撑作用。也就是说，在功能上，这些中心城市是现阶段支撑中国经济增长的主要城市。二是增长极有一定的空间范围。这一范围的确定主要是基于国家增长极内部必须有较为合理的城市等级体系，而且其内部结构因其所处的区域（东部、中部、西部、东北）不同，其城市层级体系也是不同的。这些城市的选择既要考虑它们之间的经济联系，也要考虑国家区域发展战略的实际。三是中国幅员辽阔，非均质空间的特征明显。因此，增长极的布局一方面能体现中国要素禀赋分布的态势，另一方面所选的增长极组成的多极网络必须能覆盖到整个国家。

（二）测度方法

通过分析中国现有的区域多极增长现状、增长极理论的相关研究，以及国家增长极测度的相关研究，笔者认为，在确定国家增长极时，应重视所选区域在国家经济增长中的作用。同时，从中国增长极选择结果来看，单指标与指标体系的选择结果相差不大。同时，其分析的基本空间单位应具体到地级（及以上）市。因此，笔者对国家增长极的测度是以336个地级及以上市为基本的分析单元，利用规模加权经济增长率，从经济规模和增长效率两个视角分析每个城市对全国经济增长的贡献，以此确定某个城市是否为中心城市。然后，根据城市区位，以及国家相关规划来确定由中心城市所组合形成的国家增长极。

规模加权经济增长率的计算公式如下：

规模加权经济增长率＝（城市 GDP／所有城市 GDP）×城市当年 GDP 增长率

（三）国家增长极选择过程及结果

基于上述所确定的原则和测度方法，笔者对国家增长极的选择按照以下三个步骤进行。

第一步，根据动态演化的特性，以 2014 年数据为基础，利用规模加权经济增长率测算 336 个地级及以上市对中国经济的支撑作用。

第二步，将各个城市的规模加权经济增长率按照降序排列，取排名前 20% 的 67 个城市，作为中心城市的备选城市（参见本书图 11）。

第三步，依据国家增长极的确定原则，以中心城市为核心，按照城市等级体系，并结合国家相关规划，确定可作为国家增长极的城市群。

第四步，对上述分析所确定的城市群，根据空间连续和区域经济发展战略，进行局部调整，从而选择出七大国家增长极。这七个国家增长极分别是珠三角国家增长极、长三角国家增长极、环渤海国家增长极、长江中游国家增长极、成渝国家增长极、中原国家增长极、关中国家增长极（参见本书表4）。

参考文献：

安虎森：《增长极形成机制及增长极与外围区的关系》，《南开学报》（哲学社会科学版）2007 年第 4 期。

樊杰：《中国主体功能区划方案》，《地理学报》2015 年第 2 期。

方创琳、毛其智、倪鹏飞：《中国城市群科学选择与分级发展的争鸣及探索》，《地理学报》2015 年第 70 卷第 4 期。

顾朝林：《中国城镇体系：历史·现状·展望》，商务印书馆 1992 年版。

顾朝林：《城市群研究进展与展望》，《地理研究》2011 年第 5 期。

侯永志、张永生、刘培林等：《支撑未来中国经济增长的新战略性区域研究》，中国发展出版社 2015 年版。

贾善铭：《区域经济多极增长机制研究》，博士学位论文，暨南大学，2014 年。

贾善铭、覃成林：《非均质空间中增长极的形成机制研究》，《经济研究》工作论文，WP838，2015 年。

贾善铭、覃成林：《区域经济多极增长的概念界定与辨析》，《兰州学刊》2015 年。

林先杨、周春山：《论城市群经济整合内涵、特征及其空间过程》，《经济地理》2006 年第 1 期。

梁琦、陈强远、王如玉：《户籍改革、劳动力流动与城市层级体系优化》，《中国社会科学》2013 年第 12 期。

牛方曲、刘卫东、宋涛等：《城市群多层次空间结构分析算法及其应用——以京津冀城市群为例》，《地理研究》2015 年第 8 期。

覃成林：《中部地区经济崛起战略研究》，《中州学刊》2002 年第 6 期。

覃成林：《国家区域发展战略转型与中部地区经济崛起研究》，《中州学刊》2006 年第 1 期。

覃成林：《区域协调发展机制体系研究》，《经济学家》2011 年第 4 期。

覃成林、金学良、冯天才等：《区域经济空间组织原理》，湖北教育出版社 1996 年版。

覃成林、李红叶：《西方多中心城市区域研究进展》，《人文地理》2012 年第 1 期。

史育龙、贾若祥、党丽娟：《从增长新空间看全国区域经济格局变化》，360 图书馆，http：//www. 360doc. com/content/16/0616/10/317213 17568187484. shtml 2016 年。

王丽、邓羽、牛文元：《城市群的界定与识别研究》，《地理学报》2013 年第 8 期。

肖金成、欧阳慧：《优化国土空间开发格局研究》，《经济学动态》2012 年第 5 期。

薛泽海：《中国区域增长极增长问题研究——基于对地级城市定位与发展问题的思考》，博士学位论文，中共中央党校，2007 年。

赵作权：《中国经济核心——边缘格局与空间优化发展》，《管理世界》2012 年第 10 期。

ESPON1. 1. 1，The role，Specific Situation and Potentials of Urban Areas as Nodes of Polycentric Development，http：//www. espon. eu/mai/Menu_

Projects/Menu_ ESPON2006Projects/Menu_ Thematic Projects/ polycentrici-ty. html，2004.

ESPON1. 1. 3，Enlargement of the European Union and the Wider Europe-an Perspective as Regards Its Polycentric Spatial Structure，http：//www. es-pon. eu/mai/Menu_ Projects /Menu_ ESPON2006Projects/Menu_ Themat-icProjects/enlargementandpolycentrism. html，2006.

ESPON ET2050，Territorial Scenarios and Visions for Europe，http：// www. espon. eu/main /Menu_ Projects/Menu_ AppliedResearch/ET2050. html，2013.

Gabaix，X. ，Zipf's Law and the Growth of Cities，*The American Economic Review*，1999，89（2）：129 – 132.

Hall，P. ，Pain，K. ，*The Polycentric Metropolis：Learning from Mega – city Regions in European*，London：Earthscan，2006.

Kocak，N. ，Adell，E. ，Ljungberg，C. ，et al. ，Planning Sustainable Mobility in Polycentric Regions：Testing a Participatory Approach in Six Regions of Europe，*Transportation Research Procedia*，2014（4）：327 – 346.

Perroux，F. ，Economic Space：Theory and Application，*Quarterly Jour-nal of Economics*，1950（1）：89 – 104.

Veneri，P. ，Burgalassi，D. ，Questioning Polycentric Development and Its Effects：Issues of Definition and Measurement for the Italian NUTS – 2 regions，*European Planning Studies*，2012，20（6）：1017 – 1037.

Ye，X. ，Rey，S. J. ，A Framework for Exploratory Space – time Analysis of Economic Data，*Annals of Regional Science*，2013，50（1）：315 – 339.

国家发展轴选择研究

一　引言

发展轴是多极网络空间发展格局的重要组成部分（覃成林，2002，2006，2011）。作为区域经济网络的主干，发展轴一方面在区域经济网络的形成和演进中发挥着主导作用，另一方面又是连接增长极的最重要纽带。正是发展轴把若干增长极与区域经济网络连接为一个层次分明、有序的空间组织系统。鉴于发展轴具有如此重要的功能，因此，在我国区域经济发展中，发展轴的选择和建设备受重视。陆大道院士（2014）指出，建设发展轴完全符合中国国土空间开发和经济空间布局合理化的要求。

　　进入 21 世纪，我国的区域经济发展战略及相关规划对发展轴①建设给予了高度的重视。2001 年发布的《中华人民共和国国民经济和社会发展第十个五年计划纲要》把发展轴建设作为西部大开发和促进中部地区崛起的一项举措，提出在西部地区要依托亚欧大陆桥、长江水道、西南出海通道等交通干线及中心城市，形成西陇海兰新线经济带、长江上游经济带，在中部地区要以长江、陇海、京广、京九、京哈等沿线地区为重点，积极培育经济带。2006 年，《中华人民共和国国民经济和社会发展第十一个五年规划纲要》提出，全国要逐步形成以沿海、京广京哈为纵轴，以长江、陇海兰新为横轴的"两横两纵"城镇化空间格局。这个"两横两纵"城镇化空间格局在较大程度上代表了国家对"十一五"期间全国区域经济发展轴的战略构想。2011 年，《中华人民共和国国民经济和社会发展第十二个五年规划纲要》提出，"构建以陆桥通道、沿长江通道为两条横轴，以沿海、京哈京广、包昆通道为三条纵轴，以轴线上若干城市群为依托、其他城市化地区和城市为重要组成部分的城市化战略格局"。与"十一五"规划相比，"十二五"规划在上述"两横两纵"发展轴的基础上增加了包昆发展轴，形成了

---

　　①　在这些战略或规划的表述中常用经济带来代替发展轴。值得注意的是，这里的经济带是较为严格的区域经济学概念，与发展轴的含义一样，而不同于现在的"一带一路"战略、"长江经济带"的含义。也正是为了这种区分，我们使用了发展轴这个表述。

"两横三纵"的发展轴构划。同时，在促进中部地区发展方面，提出了"加快构建沿陇海、沿京广、沿京九和沿长江中游经济带，促进人口和产业的集聚"；在促进东北地区振兴方面，提出要建设辽宁沿海经济带。2015年，《中共中央关于制定国民经济和社会发展第十三个五年规划的建议》更是直接提出"以'一带一路'建设、京津冀协同发展、长江经济带建设为引领，形成沿海沿江沿线经济带为主的纵向横向经济轴带"。2016年，《中华人民共和国国民经济和社会发展第十三个五年规划纲要》提出，在全国"形成沿海沿江沿线经济带为主的纵向横向经济轴带"；在城镇化布局方面，"加快构建以陆桥通道、沿长江通道为横轴，以沿海、京哈京广、包昆通道为纵轴，大中小城市和小城镇合理分布、协调发展的'两横三纵'城市化战略格局"。由此可见，21世纪以来，在国家发布的4个五年规划中，对发展轴的建设都给予了高度的重视。从城市化战略的角度，逐步形成了"两横三纵"的战略架构。同时，强调了经济带（即发展轴）在区域经济发展中的重要作用。而且，这种战略思想和安排正在逐步地实施。2016年8月，国家发展改革委根据"十三五"规划的有关工作部署，制定了《关于贯彻落实区域发展战略，促进区域协调发展的指导意见》，把"积极推动形成沿海沿江沿线经济带为主的纵向横向经济轴带"列入了指导思想，并强调国家要进一步突出对跨行政区的重要发展轴带的宏观统筹。

我国学者结合改革开放后的全国区域经济发展战略，对发展轴做了较为丰富的研究。早在 20 世纪 80 年代，陆大道先生（1986，1987，1988）提出了"点轴系统"理论，主张在全国范围内构建沿海和沿长江两条发展轴，形成支撑中国区域经济发展的"T"字形空间结构。陆先生的"T"字形结构提出之后，引发了学术界研究发展轴的热情。一些学者在沿海、沿长江两大发展轴的基础上，提出了各自关于发展轴及空间结构的构想。其中，代表性的观点如附表 2 - 1 所示。

附表 2 - 1　　　　关于我国发展轴的代表性观点

发展轴构想	基本内容	学者
"π"字形结构	除"T"字形战略中的沿海和长江流域两条国家级轴线外，可沿陇海—兰新线构建一条 J 字形开发轴线，三者共同形成"π"字形区域开发格局	晏学峰（1986）
"开"字形结构	在我国生产力分布中，应当确定陇海—兰新线的主轴线地位，与长江发展轴、沿海发展轴、京广发展轴形成"开"字形分布格局	戴哗、丁文峰（1988）
"弗"字形结构	在梯度推移理论的基础上，构建长江经济带、沿黄河—陇海—兰新经济带，并与其他次级东西向经济带，形成"弗"字形网络结构	杨承训、阎恒（1990）
"目"字形结构	20 世纪 90 年代，中国实行全方位、多角度的对外开放战略，基本形成了由东部沿海开放区、东北、西北及西南沿边开放区、长江流域开放区以及兰新沿线开放区组成的"目"字形发展格局	张伦（1992）

发展轴构想	基本内容	学者
"菱"形结构	以资源要素禀赋条件、经济发展水平等为依据，可选择以京津、上海、成渝、武汉、穗深等作为增长极点，五个极点在地理空间中连接起来呈现出"菱"形状态的发展格局	刘宪法（1997）
"丰"字形结构	依托黄河、长江和珠江三条河流及京广铁路构成一个"丰"字形发展战略，将三条河流的中上游和下游形成共同的经济发展带	张贡生、李长亮（2007）
"三轴"主导	形成"多核、多轴、分片"型国土空间开发格局。其中，长江轴线、沿海轴线和京广京哈轴线的地位更加突出，要素向三条主要轴线集中	肖金成、申冰（2012）肖金成、欧阳慧（2012）
轴线支撑	在"六五"至"十二五"期间，以长三角、珠三角、环渤海、成渝、关中、中原城市群等为核心，以长江沿线、京广线、陇海兰新线等为依托的支撑中国未来经济发展的支点和骨架已经基本形成	张贡生（2014）
"两横三纵"	以沪昆线、陇海—兰新线为横轴，以京哈线、京广线和京沪线为纵轴形成的"两横三纵"带状分布格局成为中国国土空间开发最重要的发展轴带	陈伟等（2015）
"四横四纵"	以沿海—经济带、京广京哈经济带、包昆经济带、沿边经济带为纵轴，以珠江西江经济带、长江经济带、陇海—兰新经济带、渤蒙新经济带为横轴构建"四纵四横"经济轴带，是中国区域经济发展的重要战略之一	肖金成（2016）

　　总的来看，不管是国家的五年发展规划，还是学者提出的各种观点，关于发展轴都只是概念性的设想。主要表现在，虽然提出了各种发展轴，但是对这些发展轴的具体构成及范围等

基本上没有涉及。特别是，对于选择这些发展轴的科学根据缺乏必要的探讨。除此之外，目前，我国区域经济发展的总体格局已经发生了新的变化，区域经济发展所需要实现的战略目标也随之发生了新的变动。这就要求我们，要在发展轴选择的理论依据和方法上做进一步的探讨，并根据新的区域经济发展趋势及战略需求，对全国的区域经济发展轴做出新的选择。本文拟从多极网络空间发展格局的总体思路出发，首先回顾与发展轴有关的理论，并对相关文献进行评述。在此基础上，提出选择发展轴的原则。进一步结合我国高速铁路发展的情况，阐明选择国家发展轴的主要依据。

二　发展轴的理论基础

20 世纪 60 年代，德国学者 Werner Sombart 提出了发展轴理论。① 他认为，在若干中心地之间，一旦建设了重要的铁路、公路交通干线，就会降低沿线区域的运输费用，使区位条件得到改善，从而促进要素、产业和人口沿着交通干线流动，同时，周边区域的要素、产业和人口向沿线区域集聚，最终形成经济活动和人口分布密集的地带。这种因交通条件改善而发展起来的经济活动和人口空间集聚的地带就是发展轴（development ax-

---

① 张文尝主编：《交通经济带》，科学出版社 2002 年版。发展轴又称为生长轴。

is）。发展轴理论被认为是在增长极理论基础上建立起来的。其后，发展轴在一些实证研究中被识别。特别是发展轴被用于区域开发的规划之中。规划者试图通过建设发展轴来改变区域的空间结构，发挥发展轴在区域经济发展中的空间组织作用。

中国科学院陆大道院士从 20 世纪 80 年代中期开始提出和发展了"点轴系统"理论（1986，1987，2001）。在"点轴系统"理论中，有两个重要的组成要素，一是增长极，二是发展轴。其中，发展轴是有铁路、公路、水运等重要交通基础设施束经过、附近有较强的社会经济实力和开发潜力的地带。发展轴的形成与发展受到集聚力与扩散力这两种力的支配，集聚力促使资源、要素向发展轴线集中，扩散力则促使资源、要素向周边区域扩散，为周边区域提供发展机会，从而带动周边区域的经济发展（陆大道，2002）。"点轴系统"理论被用于区域开发规划实践，逐步形成了点轴开发模式。这个模式主张在区域开发中，要规划和建设由增长极和发展轴有机结合的空间结构，发挥其作为区域经济空间组织主体或者依托的功能。陆大道（1988，2001）认为，我国区域经济发展应该采取点轴开发模式。其中，发展轴通常是以具有开发远景和潜力的铁路、陆路和水路等重要交通干线为依托，进行规划和建设。运用发展轴把沿线区域的中心城市或城市群串联起来，在全国范围内形成等级分明、有机衔接的点轴系统，带动全国的区域经济发展。

正是基于这种认识，陆大道先生在 20 世纪 80 年代创造性地提出了全国国土开发的 "T" 字形空间结构构想。这个构想后来被纳入 1987 年的《全国国土规划纲要》。不仅如此，点轴开发模式在全国 20 多个省市区的国土规划中得到了应用。点轴开发模式逐渐成为我国区域开发的一种重要模式。

三　国家发展轴的选择原则

（一）发展轴的特征

在现实中，认识发展轴的特征，是选择发展轴的前提。在这个方面，我们可以从一些学者对发展轴的解释或者描述中获得启发。

Friedmann（1966）认为，发展轴是在两大增长中心之间形成的区域组织体，其发展程度与增长中心的经济实力正相关，与两大增长中心之间的距离负相关，即两大增长中心如果相距越远，那么，形成发展轴的可能性就越小。Geyer（1987）则提出，发展轴是位于两大彼此联系的增长中心之间依托交通干线形成的具备一定经济实力的区域，是两大增长中心的经济、社会、产业等相互依赖形成的产物。陆大道（1986）认为，在全国范围内，可以把联结若干个中心城市、附近有较好的资源和农业条件的交通干线所经过的地方作为发展轴予以重点开发。

由此可见，构成发展轴的一个重要的要素是交通干线，次之是中心城市。安虎森（1992）也认为，发展轴的建设需要依托对区域经济发展具有重要作用的交通线，如铁路、公路、水路等线状交通基础设施束。武伟等（1997）在系统考察铁路经济带与点轴开发的基础上，认为由数个中心城市组成的发展轴必然是依托交通运输干线及相应的综合运输通道，如依托铁路而成的陇海—兰新发展轴、津沪发展轴、哈大发展轴、京广发展轴、北同蒲—太焦—焦枝发展轴等。

黄敏行（1995）指出，发展轴受多种因素的共同影响和制约，必须从综合的角度和发展的观点来确定发展轴。具体地，他认为，交通运输发展的水平、结构与布局是确定发展轴的基本依据，水资源开发利用条件是确定发展轴线的重要依据，发达的农业则是确定发展轴的前提。特别是，以铁路为主所形成的铁路、公路、水路等综合交通运输网络基本上框定了发展轴。

部分学者强调了经济规模、经济密度（高斌、丁四保，2009）等是识别发展轴的重要特征。廖良才等（2000）认为，可以采用发展轴的经济规模（轴线内区域 GDP 之和）和发展轴的经济密度（轴线内区域 GDP 之和与发展轴长度的比值）两个指标定量分析发展轴的重要性。

从上述学者的观点中，我们不难发现，发展轴具有这样几个共同的特征。一是交通干线或者交通基础设施束是发展轴最重要的组成部分。二是发展轴包括了若干中心城市或者经济中心。三是发展轴具有较大的经济规模或者经济实力，是经济活动密集的空间。

此外，武伟、宋迎昌（1997）主张，发展轴应该有一定的空间范围。他们认为，以铁路运输通道为依托形成的发展轴，其紧密吸引域为 50—80 公里。这就是说，发展轴是一个有明确空间边界且空间范围有限的带状经济空间。我们认为，这一点是重要的，因为，发展轴的主要特征之一是经济活动、人口分布密集的经济空间，其空间范围或者边界不可能无限的延伸。从规划的角度看，也只能在有限的，或者更明确地说，是较小的空间内规划发展轴，才能够有效地引导要素、人口、企业等向发展轴集聚，从而聚集起必要的经济发展能量。进一步，通过释放这些经济能量而带动周边区域的经济发展。反之，如果把发展轴的空间范围画得过大，则不可能达到此效果。也就是说，所规划的发展轴不可能真正形成，更不可能有效地发挥其作用。

（二）选择国家发展轴的基本原则

参考上述关于发展轴特征的认识，根据"多极网络"思想，我们提出了如下选择国家发展轴的基本原则。

1. 依托快速交通干线

如上所述，发展轴形成的重要条件之一是依托交通干线。

这里，交通干线的作用主要体现在以下几个方面。第一，为要素、人口等在沿线区域之间流动创造条件。交通干线的运输能力强，导致要素、人口等在沿线区域的流动规模和速度远大于其他区域，从而增强沿线区域的经济联系。第二，提高沿线区域尤其是城市的可达性，改善沿线区域的区位条件，吸引要素、人口、企业等向沿线区域集聚。第三，扩大沿线区域或城市的市场区，促成中心城市的市场区衔接甚至重叠，从而对沿线区域形成有效的辐射和带动。这三个方面的综合作用，就将推动沿线区域的一体化进程，提高经济发展速度。

值得注意的是，在交通干线经过的区域往往是多种交通方式并存，相互竞争、协调与促进，形成综合交通体系。在形态上表现为交通走廊（有的学者称其为交通基础设施束）。交通走廊对发展轴的促进作用自然远超单一运输方式的干线。所以，发展轴依托的交通条件常常是交通走廊。

对于国家发展轴而言，涉及的空间范围大，经过的区域多，因此，必须依托快速交通干线，特别是高速铁路、高速公路和航空所共同形成的快速交通走廊。在选择国家发展轴时，首先需要把快速交通走廊作为一个最基本的条件。

2. 连接国家增长极

发展轴与增长极之间存在着互动发展关系。首先，发展轴的形成是增长极沿着某个空间方向扩散其经济能量的结果。如上所言，这个空间方向就是快速交通干线或者交通走廊之所在。其次，增长极的发展需要依靠发展轴拓展其市场区或者辐射空间。发展轴成为增长极吸纳资源、要素、人口和企业等的主要"管道"。因此，发展轴与增长极是共生的，二者之间形成互动的发展关系。

在多极网络空间发展格局中，发展轴的功能之一是把若干增长极连接起来，共同形成支撑全国区域经济发展的支点，形成有利于平衡、有序发展的空间格局主体架构。同时，加强增长极之间的联系，促进其在竞争中加快发展，并形成相互依赖的发展关系。所以，在选择国家发展轴时，必然要求发展轴能够连接一个以上的国家增长极。

3. 经济活动及人口密集

发展轴是经济活动及人口密集的线形空间。只有满足这个条件，发展轴才具有相应的经济活动空间组织功能，通过与轴线两侧区域之间的集聚与扩散机制，形成由其主导的空间经济秩序。所以，发展轴经过的区域必然城镇分布数量多且包括若干的中心城市。另外，发展轴的空间边界是有限的。理论上，经济活动和人口分布密集的空间边界即是发展轴的空间边界。

从规划和政策实施的角度看，发展轴的空间边界也不能随意扩大。否则，将导致支持发展轴发展的政策资源被稀释而无法产生应有的效果。

就我国的国家发展轴而言，我们认为，发展轴沿线区域的经济和人口密度必须明显高于其他区域。地级市（包括更高级别的城市）适宜作为发展轴的基本组成单元。

4. 构造区域经济网络

前已述及，发展轴是区域经济网络的主干。也就是说，各种区域经济网络，尤其是空间组织网络，是依托于发展轴而不断衍生和发展的。因此，在选择发展轴时必须考虑有利于构造覆盖全国区域经济网络的要求。在满足上述 3 个原则的基础上，发展轴的空间分布不能偏集于某个方向，而是要相对平衡地展开，以便于把全国的经济空间连接为一体。

我国的区域经济空间联系主要有两个方向，一是东西方向；二是南北方向。这就决定了选择国家发展轴时需要考虑在全国范围内形成经纬交织的空间联系通道。所以，国家发展轴就必须有两种类型，一是东西向的横轴；二是南北向的纵轴。这两类轴线经纬交织，就构成了区域经济网络的主干。

另外，从构造区域经济网络的需要看，在满足上述第一个原则和第二个原则的情况下，如果暂时不能满足第三个原则，也有可能需要建设国家发展轴。如在长江发展轴与东南沿海发展轴之间，随着沪昆高速铁路建成运营，沿线区域的发展条件将会出现整体性的改善，有利于释放其发展潜力，因此，就可以考虑建设沪昆发展轴。这条发展轴可以在东西方向上加强长三角、中部地区、西南地区之间的联系，在南北方向上沟通长江发展轴与东南沿海发展轴之间的联系，从而使全国的区域经济网络进一步完善。

5. 拓展区域发展空间

除了上述 4 个原则之外，在选择国家发展轴时，还需要考虑两个方面的因素。一是从长远看，能够为促进欠发达区域发展创造条件。亦即，发展轴要向目前的欠发达区域延伸，把这些区域纳入多极网络空间发展格局之中，使之获得必要的发展机会，释放发展潜力。二是与其他国家开展国际经济贸易合作，尤其是实施"一带一路"战略，进行对接，提供支撑。现阶段及未来，我国的发展战略必然出现国际与国内紧密联系、互动的趋势，因此，选择国家发展轴就必须有预见，主动适应这种趋势，服务于国家的大战略。如选择上述沪昆发展轴，其中就考虑到了如何服务于我国参与大湄公河次区域合作、建设孟中印缅经济走廊等国际合作的需要。

总之，上述 5 个方面的原则是我们在选择国家发展轴时需要统筹考虑的。另外，从时间动态的角度看，选择国家发展轴既要立足于当前，同时也要放眼未来，把现阶段已经具备的条件与未来可能形成的条件、发展需求等做综合的分析。通过这样的分析，尽可能地使国家发展轴的选择达到科学、合理的要求。

四　高速铁路发展与国家发展轴选择

高速铁路已经成为对我国区域经济发展格局影响最大、最深远的一种快速交通方式。依托高速铁路建设发展轴基本上成为一种共识。如京沪高速铁路的建设就将加快形成京沪发展轴（杨维凤，2010）。由此可见，高速铁路将成为选择国家发展轴必须优先考虑的一个重要影响因素。其之所以重要，而且要优先考虑，主要有以下几个方面的原因。

其一，高速铁路与高速公路、航空这两种快速交通方式相比，综合优势明显。与高速公路相比，高速铁路的运量大，速度快，舒适性高。与航空相比，高速铁路准点率和安全性更高，而且运行的频次更大。因此，高速铁路的发展导致了我国区域性快速交通结构发生了重大的改变，并在其中发挥着主导作用。这种主导作用集中反映在跨区域的快速交通走廊正在以高速铁路干线为主体进行重构，正在形成以高速铁路干线为主、高速公路和航空与之配合的跨区域快速交通走廊。这些快速交通走廊为国家发展轴建设创造了更好的基础性条件。

其二，高速铁路显著地促进了沿线区域的一体化发展。从旅行时间看，高速铁路干线比普通铁路缩短了 2/3 或者 1/3。受此影响，沿线区域的要素流动和经济联系不断增强（覃成林、黄小雅，2014；覃成林、刘万琪，2014）许多沿线城市之间的同城化发展进程因此而加快。特别是，使得沿线中心城市的市场区范围能够相互衔接或者出现交叉。这就意味着中心城市的经济辐射范围可以覆盖所有沿线区域，从而彻底改变了过去发展轴上有些区域不能被中心城市所辐射的局面，发展轴因此而真正地成为一个整体。

其三，高速铁路促进了沿线区域、城市加快发展。这主要是因为，高速铁路促进了要素向沿线区域或城市集聚（覃成林、种照辉，2014；覃成林、杨礼杉，2014），推动其生产性服务业发展（覃成林、杨晴晴，2014），加快产业转型升级。从而，在本轮经济结构调整中，高速铁路干线沿线区域走在了前头，总体上呈现出良好的发展趋势。

其四，高速铁路的运营里程已经接近2万公里，"四纵四横"高速铁路骨干网已经基本形成（参见图44）。这就为依托高速铁路干线网络，选择和建设国家发展轴提供了现实条件。目前，全国已经有150多个地级及以上城市有高速铁路站点。从高速铁路的影响范围看，基本上能够辐射全国50万及以上人口的城市。这就意味着，依托高速铁路干线网络能够从总体上把全国主要的经济区域组织为一个有机整体。

其五，高速铁路将进一步巩固中心城市的发展地位。从已经开通高速铁路的城市看，它们之间的高速铁路车次数量存在显著的差异（参见附图 2 - 1）。其中，广州市的日开行高铁列数居全国首位，达到 698 列/天，其次是上海 599 列/天、北京 574 列/天、天津 538 列/天、深圳 462 列/天，中西部地区及部分新开通高铁站点的城市其日开出列车数量相对较少。整体而言，位于东部地区的城市，其日开出的列车数量要普遍高于中西部地区的城市列车数量，而且城市等级越高，日开出的列车数量则越多。显然，高速铁路的车次越多，其可达性越好，越有利于城市经济发展。不难看出，高速铁路车次多的城市都具备成为国家发展轴中心城市的有利条件。

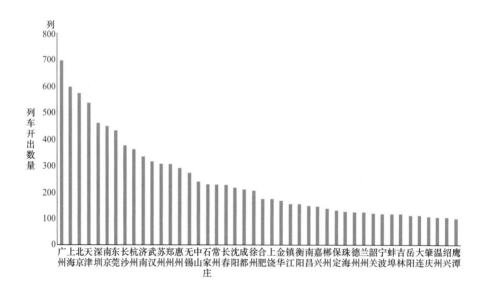

附图 2 - 1　2016 年 7 月每天开行高铁车次大于 100 列的城市

资料来源：数据由 12306 网站查询获得。一个城市的数据为 G 开头和 C 开头的列车数量之和。

总体而论，我们认为，在选择国家发展轴时必须要考虑到高速铁路发展的影响，特别是要把高速铁路"四纵四横"骨干网络作为选择国家发展轴的重要依据。

五　国家发展轴的选择结果

根据上述对发展轴的含义、选择发展轴的原则，以及高速铁路对选择国家发展轴的影响等分析结果，同时，紧密结合对国家增长极的研究，我们以东西为横向、以南北为纵向，共选择了"四横四纵"八大国家发展轴。其中，横向发展轴是长江发展轴、陇海—兰新发展轴、沪昆发展轴、东南沿海发展轴；纵向发展轴是京广发展轴、京沪发展轴、京津—沈哈发展轴、京津—包昆发展轴。这八大国家发展轴串联起全国七大国家增长极，成为沟通各增长极的重要桥梁，且具备带动轴线上各个区域实现较快发展的能力，在三大区域经济网络的发展中将发挥主导作用。

（一）长江发展轴

将长江沿岸区域建设成为国家发展轴，无论是学术界，还是政府有关决策部门，意见是高度一致的。这是因为，长江是我国通航能力最大的内陆河流，自古以来就是沟通我国东西的横向运输大通道。长江沿岸区域人口和经济活动密集，经济总体发展水平高，既是我国重要的农业区，更是重要的制造业和服务业集聚区。优越的自然条件、雄厚的经济基础、深厚的人文社会积淀，决定了长江沿岸区域具有十分巨大的发展潜力。从全国的区域经济发展空间格局看，一方面，长江沿岸区域横贯东西，由东向西连接了长三角、长江中游、成渝三大国家增长极；另一方面，在南北方向上，长江沿岸区域大体上接近我国南北交汇地带，向北可以联通陇海—兰新发展轴，向南可以连接沪昆发展轴、东南沿海发展轴。因此，长江沿岸区域常被比喻为我国经济空间的"脊梁"。在陆大道先生提出的著名"T"字形结构中，长江沿岸区域是与东部沿海地区并列的两个组成部分。所以，无论从哪个方面衡量，长江沿岸区域都具备成为重要的国家发展轴的条件。毫不夸张地说，长江沿岸区域所具有的发展条件在八大国家发展轴中也是少有的。也正是这样，陆大道（2014）认为，以长江沿岸作为今后几十年中国国土空间开发和经济布局的一级轴线的开发战略将是长期的。

　　然而，我们也注意到，长江沿岸区域虽然具有上述如此优越的条件，但其总体发展水平却逊于东部沿海地区。其中的原因，除了在渐进式对外开放战略安排中，长江沿岸区域滞后于东部沿海地区之外，长期以来以水运为主的交通方式是制约其发展的一个重要原因。众所周知，水运的劣势是速度慢，不能满足现代经济发展中要素、商品、人口等快速流动的要求。长期以来，长江沿岸区域的交通发展存在水运与陆运何者为主的争议，致使在相当长的时期内未能建设沿长江的东西向铁路。这就严重制约了东西向客货快速运输的发展。沪汉蓉高速铁路的建设和分段投入运营，正在打破缺乏东西向快速铁路交通这个制约长江沿岸区域发展的"瓶颈"。沪汉蓉高速铁路全部投入运营后，成都至上海的旅行时间将缩短至14个小时，上海、南京、武汉、重庆、成都等沿线中心城市基本可以形成2—4个小时半径的市场区，使沿线区域全部分别纳入各中心城市的辐射范围，从而使长江沿岸区域真正地联系成为一个整体。可见，正是沪汉蓉高速铁路促成了长江发展轴真正进入整体建设阶段。

在长江发展轴构成区域的选择方面，我们选择了沪汉蓉高速铁路的沿线城市，同时把具有较强运输能力的沿江城市也纳入发展轴内。因此，我们所选择的长江发展轴在空间范围上要远小于目前国家提出的长江经济带。

（二）陇海—兰新发展轴

规划和建设陇海—兰新发展轴早已是许多学者的共识（晏学峰，1986；陈传康，1987；杨承训、阎恒，1990；刘宪法，1997；张继良，2003）。在我国区域经济空间发展格局中，作为一条东西向的发展轴，陇海—兰新发展轴的地位仅次于长江发展轴。这主要是因为，陇海—兰新发展轴是我国北方地区联系东西尤其是西北地区最重要的发展轴线，也是最长的一条东西向发展轴线。特别是，当前我国正在大力推动丝绸之路经济带建设。从空间格局看，陇海—兰新发展轴正是我国境内丝绸之路经济带的主体部分。因此，规划和建设陇海—兰新发展轴意义十分重大。另外，从发展总体水平看，陇海—兰新发展轴相对较弱，特别是在西北地区，经济发展的制约因素较多，生态环境脆弱、资源枯竭、贫困、民族发展，以及社会稳定等众多经济社会因素相互交织，发展的难度较大。因此，规划和建设陇海—兰新发展轴有助于解决这些问题。

虽然对陇海—兰新发展轴的重要性早已有了共识，但是其建设进展步伐总体上一直较慢（戴晔、丁文峰，1988；武伟等，1997）。其中的原因，一是缺乏强大的中心城市作为引领，发展的基础弱，存在城市规模小、辐射能力弱、省际合作少等困难（张继良，2003）；二是东西距离漫长，受制于交通条件，沿线区域之间联系不便。在第二个方面，突出表现在，无论是普通铁路运输，还是高速公路运输，时间都很长。徐兰高铁、兰新高铁的建设和运营使这个长期困扰陇海—兰新发展轴的问题将从根本上得到解决。高速铁路将加快郑州、西安、兰州、乌鲁木齐等中心城市的发展，特别是将推动中原增长极和关中增长极这两个国家增长极的发展。进一步，通过它们来带动沿线区域的发展，释放出巨大的发展潜力。由此可见，徐兰高铁、兰新高铁是陇海—兰新发展轴得以建设的关键性条件。

关于陇海—兰新发展轴东段的起点，我们与已有观点不同。已有的观点基本上都主张以江苏的连云港为起点，个别观点主张再加上山东的日照。我们认为，从多极网络空间发展格局看，陇海—兰新发展轴宜以江苏徐州为起点。主要的理由有两点：一是选择徐州作为起点，陇海—兰新发展轴与京沪发展轴交汇于此，有助于陇海—兰新发展轴的东段与环渤海增长极、长三角增长极开展经济联系，接受其辐射。二是有利于徐州利用位于陇海—兰新发展轴与京沪发展轴交汇点的区位，加快发展成为陇海—兰新发展轴东端的中心城市。反观过去的做法，把连云港定为陇海—兰新发展轴的东端，但是其区位条件欠佳，不可能发展成为对整个发展轴有强大辐射能力的中心城市。而改为重点发展徐州，可以使陇海—兰新发展轴东端弱小的局面得到扭转。

（三）东南沿海发展轴

在我国的发展轴线研究中，东部沿海地区往往被作为一个整体对待，称为沿海发展轴。在陆大道先生的"T"字形结构中，以及其他学者的有关设想中，甚至是在《全国国土总体规划》（1987 年）等政府的发展规划中，都是如此。但是，从发展轴的建设条件看，我们认为这种观点或设想是不妥的。我们的理由主要是，以上海为界，东南沿海地区与北部沿海地区在发展条件、基础、产业结构，以及社会人文等方面是有明显差异的。而且，在经济联系上也明显地分化为南、北两个部分。因此，从发展轴的功能及建设发展轴的可操作性考虑，我们主张把自上海以南的东南沿海地区划分为一个发展轴。北部沿海地区不作为一条发展轴，而是依托京沪高速铁路建设京沪发展轴。

具体而言，建设东南沿海发展轴之所以可行和必要，主要是基于以下几个方面的考虑。

第一，高速铁路建成运营使东南沿海发展轴的建设时机来临。2013 年，杭福深高速铁路全线通车，形成了连接上海、浙江、福建和广东沿海地区的快速交通通道，无疑会不断增加沿线区域的经济联系。2014 年年底，南广高速铁路（南宁—广州）正式运营，成为广东与广西之间的快速交通通道。这两条高速铁路在珠三角相连，形成了横贯东南沿海区域的快速交通线，从根本上改变了东南沿海区域内部交通联系不便的状况，为建设东南沿海发展轴创造了最为重要的条件。

第二，东南沿海地区是我国对外开放的重点区域，其对外开放的对象以港澳台、东南亚、欧美为主。这与北部沿海地区以日本和韩国为主要对外开放对象是不同的。因此，建设东南沿海发展轴，有利于对东南沿海地区建设高水平开放型经济体系做总体的战略及政策安排。

第三，建设东南沿海发展轴，将增强长三角、珠三角这两个国家增长极之间的互动，进一步推动沿线区域加快转型发展，进入新的发展轨道。

第四，东南沿海地区总体发展水平高，但也存在一些相对较弱的区域，特别是广西的发展水平还不高。因此，建设东南沿海发展轴，可以通过引导珠三角的产业向广西沿线区域转移，促进广西的发展。此外，建设东南沿海发展轴，也可以更好地发挥长三角、珠三角国家增长极对粤东、闽西南等区域的辐射带动作用，提升其发展水平。

第五，广西、广东以及海南在中国—东盟自由贸易区建设、我国的南海开发等方面承担了重要的功能。建设东南沿海发展轴，有利于推动它们加强联系，形成参与中国—东盟自由贸易区建设和开发南海的合力。

除了上述这些考虑之外，我们要特别强调的是，建设东南沿海发展轴对于我国建设21世纪海上丝绸之路具有不可替代的重要作用。福建是国家确定的21世纪海上丝绸之路建设核心区，广东、广西、浙江和上海在21世纪海上丝绸之路建设中也具有不可或缺的地位。从参与国际合作和发展竞争的战略需求看，只有把这些省区市整合起来，才能够更好地形成发展合力。而建设东南沿海发展轴就是达成此目的的一个重要举措。

（四）沪昆发展轴

沪昆高速铁路全长2266公里。目前，沪昆高速铁路的上海至贵阳段已建成通车，贵昆段将于 2016 年年底正式通车。届时，由昆明至上海的旅行时间将缩短至 10 个小时，昆明至长沙的旅行时间将缩短至 5 小时。这条东西向高速铁路干线的建设运营为建设沪昆发展轴创造了关键性的条件。

从构建多极网络空间发展格局的需要看，建设沪昆发展轴的必要性主要有以下几个方面。

第一，在长江发展轴与东南沿海发展轴之间，依托沪昆高速铁路，规划和建设沪昆发展轴，可以加快沿线区域发展，对长江发展轴、东南沿海发展轴从资源、市场等方面提供必要的支撑。

第二，建设沪昆发展轴，可以将长三角、长江中游两个国家增长极与我国的西南地区紧密地联系起来，为西南地区的发展注入新的能量。

第三，云南、贵州是我国参与大湄公河次区域合作、孟中印缅经济走廊建设等国际合作的前沿。但是，从其目前的发展水平看，尚难独立发挥此种作用。建设沪昆发展轴，则可以推动长三角国家增长极、长江中游国家增长极与云南、贵州一道，形成参与大湄公河次区域合作、孟中印缅经济走廊建设等国际合作的合力。

第四，沪昆高速铁路沿线区域的资源和劳动力丰富，城市建设有一定的基础。规划和建设沪昆发展轴，就可以使沿线区域所蕴藏的发展潜力得到合理的开发。特别是，长三角增长极的产业可以沿着沪昆发展轴向中部和西部地区转移，对于促进沿线区域产业结构调整和转型升级都将发挥积极的作用。

概言之，建设沪昆发展轴，可以对长江发展轴、东南沿海发展轴形成必要而有力的支撑，优化我国南部经济空间的轴线布局，更好地发挥长三角、珠三角和长江中游国家增长极的辐射带动作用，同时，有利于加快西南地区经济发展，增强我国参与大湄公河次区域合作、孟中印缅经济走廊建设的实力。随着沪昆高速铁路投入运营，建设沪昆发展轴已成为可能。

（五）京广发展轴

京广发展轴是我国最重要的一条南北向发展轴，发展潜力巨大（戴晔、丁文峰，1988）。无论是在许多学者提出的发展轴设想中，还是在国家的有关发展战略和规划中，基本上都主张把京广发展轴作为必须建设的一条发展轴。但是，长期以来，京广发展轴并未开展实质性的整体建设。原因之一是缺乏快速交通线路联系沿线区域。京广铁路是一条普通铁路，不仅速度慢，而且运力早已饱和。航空运输只能部分地满足沿线省会及以上城市之间的联系。所以，在京广高速铁路开通之前，京广发展轴沿线各区域之间的交通联系基本上是以省域为界的。严格来讲，那时的京广发展轴是一条"断裂"的发展轴。

2009 年年底，武广高速铁路建成运营。按照当时 350 公里/小时的运行速度，从广州到武汉仅需3个多小时，使沿线区域的经济联系发生了根本性的变化，一体化的需求快速增强。2012年年底，随着北京至武汉的高速铁路开通运营，全长2298公里的京广高速铁路正式通车，成为我国首条跨越南北、运营线路最长的高速铁路，将北京至广州的旅行时间缩短至8个小时。

从发展轴建设看，京广高速铁路开通运营为沿线区域提供了方便、快捷的旅客运输，同时释放了京广铁路的货运潜力，促成了北京、石家庄、郑州、武汉、长沙、广州六大中心城市之间2—3小时的市场区全覆盖甚至交叉重叠，彻底改变了京广发展轴的"断裂"状态，使之成为一条联系紧密的发展轴。

从多极网络空间发展格局的总体来看，京广发展轴由北向南依次连接了环渤海增长极、中原增长极、长江中游增长极和珠三角增长极，有利于促进这四大增长极之间的互动发展，同时，还连接了陇海—兰新发展轴、长江发展轴、沪昆发展轴和东南沿海发展轴。所以，京广发展轴在全国的区域经济网络中具有"中枢"的功能。对于沟通我国的南北、东西经济联系，推动珠三角和环渤海增长极的产业向内地转移，加快中原增长极和长江中游增长极发展，促进中部地区崛起，解决全国南北发展不平衡问题等，京广发展轴将发挥非常重要的作用。

因此，规划和建设京广发展轴是十分必要的，也是现实可行的。

（六）京沪发展轴

如上所述，沿海发展轴往往被认为是我国东部地区的一条重要发展轴。但是，我们认为，在东部地区事实上是两条发展轴，一条是东南沿海发展轴，另一条是京沪发展轴。从发展条件和前景看，从上海至北京的沿海地区难以发展成为具有全国意义的发展轴，而随着京沪高速铁路的运营，沿线区域完全有可能成为我国一条重要的南北向发展轴。

第一，2011 年 6 月，全长 1318 公里的京沪高速铁路开通运营，北京至上海的旅行时间缩短至 5 小时，成为北京至上海的最为重要的快速交通。2015 年，京沪高速路铁路盈利 65 亿元，成为我国第一条实现盈利的高速铁路。由此可见，京沪高速铁路沿线区域的发展实力和潜力是十分巨大的。京沪高速铁路正好加快了这种潜力的释放。京沪高速铁路开通运营之后，苏北、鲁西南等地吸引的投资显著增加，区域之间合作的意愿明显增强，就是很好的例证。

第二，建设京沪发展轴，可以增强长三角国家增长极与环渤海国家增长极之间的互动，更好地发挥其对沿线区域的带动作用。

第三，从发展基础看，京沪发展轴沿线区域经济发展水平整体较高，尤其是有北京、石家庄、济南、南京、上海等中心城市作为支撑，实现 1—2 小时的市场区全覆盖，必将有力地推动冀东南、鲁西南、苏北等沿线区域发展。

第四，2016年9月，郑州至徐州高速铁路正式开通运行。因此，京沪高速铁路将与陇海—兰新发展轴紧密相连，有利于以徐州为节点，发挥长三角国家增长极、环渤海国家增长极对陇海—兰新发展轴沿线区域的辐射带动作用。徐州也将因此而加快发展步伐，真正成为带动周边区域发展的重要中心城市。

（七）京津—沈哈发展轴

关于东北地区的发展轴线，过去多主张依托哈大铁路线来构建（武伟等，1997）。但是，我们认为，这种思路是把东北地区作为一个"封闭"的区域对待。事实上，从多极网络空间发展格局看，东北地区的发展需要加强与关内的联系，特别是需要依托环渤海增长极的带动。当前，东北地区整体上处于艰难的结构调整时期。如何破解东北地区的发展困局，从空间组织的角度思考，我们认为，必须把东北地区与全国其他区域紧密关联起来，为东北地区振兴注入新的能量。因此，我们主张，依托京哈高速铁路，建设京津—沈哈发展轴。

建设京津—沈哈发展轴，可以有效发挥北京、天津对东北地区的辐射带动作用。目前，寄希望于大连、沈阳带动东北地区的发展是不现实的。在东北地区普遍缺乏区域经济发展热点的情况下，将北京、天津作为辐射东北地区的经济中心是一个较好的选择。

从发挥增长极作用看，振兴东北地区，需要依靠环渤海国家增长极来带动。而环渤海增长极本身的建设也需要以东北地区为腹地支撑。建设京津—沈哈发展轴，就可以实现环渤海增长极与东北地区的互动，构建新的空间发展秩序。

总之，建设京津—沈哈发展轴，超越了过去仅在东北地区内部选择发展轴的局限，使之成为多极网络空间发展格局中的一个组成部分，对于东北地区振兴、加快环渤海国家增长极建设等，都将产生积极而深远的影响。

（八）京津—包昆发展轴

西部地区地域广阔，总体的经济发展水平不高。国家自1999 年持续实施了西部大开发战略，对西部地区经济发展产生了重要的推动作用。从空间组织的角度看，加快西部地区经济发展，不仅要建设东西向的发展轴，以促进东部发达地区与西部地区的互动，而且，还需要在西部地区规划和建设南北向的发展轴，加强南北方向上的联系，形成西部地区内东西横向轴线与南北纵向轴线相交织的格局，从而加强西部地区内部的联系，并把西部地区更有效地纳入全国区域经济网络。

《中华人民共和国国民经济和社会发展第十二个五年规划纲要》关于构建城市化战略格局提出了在西部地区建设包昆通道的设想。这个设想在《全国国土规划纲要（2011—2030 年)》《国家新型城镇化规划（2014—2020)》等规划中均得到了体现。可见，在西部地区构建一条南北向的发展轴已经成为国家的一种战略考虑。不过，我们认为，从区域经济空间组织的角度考虑，仅仅依托包昆沿线区域难以形成国家发展轴的功能。一是包昆沿线区域经济发展基础和条件相比于上述其他发展轴都比较弱。二是包昆北端经济实力弱，难以带动周边区域发展，更难以与沿线区域进行互动。因此，我们主张，把包昆发展轴的北端延长至京津，规划和建设京津—包昆发展轴。这样，一方面可以依托京津，发挥环渤海增长对内蒙古及宁夏境内沿线区域的辐射带动作用，另一方面也把这条发展轴的北段与全国区域经济网络衔接在一起，增强多极网络空间发展格局的整体性。

与其他发展轴一样，建设京津—包昆发展轴，还是要依托高速铁路。总体上，就是要依托正在修建或规划修建的京兰高速铁路（北京至银川段）、银西高速铁路、渝西高速铁路、渝昆高速铁路，规划和建设京津—包昆发展轴。其中，从银川连接西安，而不连接兰州，主要是考虑这条发展轴需要把关中国家增长极连接起来，以便更好地发挥关中增长极对西北地区的辐射带动作用。从长远发展看，随着京兰高速铁路、成兰高速铁路、成昆高速铁路的建成，京津—包昆发展轴有可能形成银川—兰州—成都—昆明支线。是否会出现这种情况，需要根据未来这条线经济发展的情况而定。

在空间组织功能上，京津—包昆发展轴是西部地区最重要的南北联络线，有利于加强西南与西北地区的联系，增强成渝国家增长极与关中国家增长极的互动，还可以加强与环渤海国家增长极的互动。同时，还可以通过陇海—兰新发展轴、长江发展轴、沪昆发展轴，与中部地区和东部地区开展互动。除此之外，依托这条轴线，还可以在一定程度上为沿线区域参与丝绸之路经济带、21世纪海上丝绸之路经济带建设，以及大湄公河次区域合作、孟中印缅经济走廊建设等提供便利。特别是，成渝增长极不仅能更好地对西南地区发挥辐射带动作用，而且可以为丝绸之路经济带建设提供有力的支持。

六 结语

发展轴是一种重要的空间组织。如何选择发展轴，是一个有待深入研究的科学问题。在已有研究文献的基础上，我们提出了依托快速交通干线、连接国家增长极、经济活动及人口密集、构造区域经济网络、拓展区域发展空间五条选择发展轴的原则。依据这些原则，我们选择了长江发展轴、陇海—兰新发展轴、东南沿海发展轴，沪昆发展轴、京广发展轴、京沪发展轴、京津—沈哈发展轴、京津—包昆发展轴共八大国家发展轴。其中，前四条发展轴是东西向的横轴，后四条发展轴是南北向的纵轴。它们经纬交织，构成了"四横四纵"八大国家级发展轴。这八大国家发展轴分别连接了珠三角增长极、长三角增长极、环渤海增长极、长江中游增长极、中原增长极、成渝增长极、关中增长极，共同形成了全国多极网络空间发展格局的主体架构。

参考文献：

安虎森、韩文哲：《"点轴论"与延边地区经济开发模式》，《延边大学学报》（社会科学版）1992 年第 4 期。

高斌、丁四保：《点轴开发模式在理论上有待进一步探讨的几个问题》，《科学管理研究》2009 年第 4 期。

陈传康：《陇海—兰新线与连云港》，《开发研究》1987 年第 4 期。

陈伟、修春亮、柯文前、俞肇元、魏冶：《多元交通流视角下的中国城市网络层级特征》，《地理研究》2015 年第 11 期。

戴晔、丁文峰：《试论陇海—兰新线在我国生产力布局中地主轴线地位》，《开发研究》1988 年第 2 期。

黄敏行：《论区域经济发展的点轴开发和重点开发轴线》，《求索》1995 年第 3 期。

廖良才、谭跃进、陈英武、戴绍利：《点轴网面区域经济发展与开发模式及其应用》，《中国软科学》2000 年第 10 期。

刘宪法：《中国区域经济发展新构想：菱形发展战略》，《开放导报》1997 年第 2 期。

陆大道：《二〇〇〇年我国工业生产力布局总图的科学基础》，《地理科学》1986 年第 2 期。

陆大道：《关于"点—轴"空间结构系统的形成机理分析》，《地理科学》2002 年第 1 期。

陆大道：《建设经济带是经济发展布局的最佳选择——长江经济带经济发展的巨大潜力》，《地理科学》2014 年第 7 期。

陆大道：《论区域的最佳结构与最佳发展——提出"点轴系统"和"T"型结构》，《地理学报》2001 年第 2 期。

陆大道：《区位论及区域研究方法》，科学出版社 1988 年版。

陆大道：《我国区域开发的宏观战略》，《地理学报》1987 年第 2 期。

覃成林：《中部地区经济崛起战略研究》，《中州学刊》2002 年第 6 期。

覃成林：《国家区域发展战略转型与中部地区经济崛起研究》，《中州学刊》2006 年第 1 期。

覃成林：《区域协调发展机制体系研究》，《经济学家》2011 年第 4 期。

覃成林、黄小雅：《高速铁路与沿线城市经济联系变化》，《经济经纬》2014 年第 4 期。

覃成林、刘万琪：《高速铁路发展与铁路沿线城市经济增长趋同》，《岭南学刊》2014 年第 6 期。

覃成林、杨礼杉：《铁路对沿线城市要素空间集聚的影响》，《城市问题》2016 年第 2 期。

覃成林、杨晴晴：《高速铁路发展与城市生产性服务业集聚》，《经济经纬》2016 年第 3 期。

覃成林、种照辉：《高速铁路发展与铁路沿线城市经济集聚》，《经济问题探索》2014 年第 5 期。

武伟、宋迎昌、朴寅星：《铁路经济带与点轴开发及其结构系统》，《地域研究与开发》1997 年第 6 期。

肖金成：《中国区域发展新战略》，《领导科学论坛》2016 年第 6 期。

肖金成、欧阳慧：《优化国土空间开发格局研究》，《经济学动态》2012 年第 5 期。

肖金成、申冰：《我国当前国土空间开发格局的现状、问题与政策建议》，《经济研究参考》2012 年第 31 期。

杨承训、阎恒：《论"弗"字型网络布局和沿黄—陇兰经济带》，《开发研究》1990 年第 4 期。

晏学峰：《沿海、沿江、陇海三大经济地带将构成我国经济的基本格局》，《经济改革》1986 年第 1 期。

张贡生：《"六五"—"十二五"：中国经济增长点—轴的沿边及引申》，《当代经济管理》2014 年第 1 期。

张贡生、李长亮：《"丰"字型战略：中国经济发展的中心》，《开发研究》2007 年第 1 期。

张伦：《我国对外开放的"目"字型格局》，《开发研究》1992 年第 3 期。

杨维凤：《京沪高速铁路对我国区域空间结构的影响分析》，《北京社会科学》2010 年第 6 期。

张继良：《点轴模式的选择与应用——试论西北地区的开发》，《开发研究》2003 年第 6 期。

Friedmann，J.，*Regional Development Policy*：*a Case of Study of Venezuela*，MIT. Cambridge，Massachusetts，1966.

Geyer，H. S.，The Development Axis as a Development Instrument in the Southern African Development Area，*Development Southern Africa*，1987，4（2）：271 – 300.

区域经济网络分析

一　引言

区域经济网络化现象日益增多。这种现象受到区域经济学界越来越多的关注。在我国，经过改革开放近 40 年的发展，区域经济网络化的趋势基本形成，多极网络空间发展格局已经初步显现。针对这个新现象，覃成林（2002）在《中部地区经济崛起战略研究》一文中提出了"多极化网络型区域经济空间"的认识。他认为，区域开发、合作乃至实现区域协调发展都应重视区域经济网络的作用，并初步提出了将"多极"（多增长极）与网络（区域经济网络）相结合的发展思路。强调"要充分利用城市体系、交通、信息、企业组织和社会组织等各种快速发育的网络，进行多极化网络型区域开发，培育出若干具有全国意义的核心竞争力地区，参与全国的区际分工和竞争，同时，发挥其对区内的空间组织核心作用，促进区域内部协调发展"。其后，覃成林（2006）从战略的角度对"多极网络"思想作了进一步阐述，指出"多极网络发展战略的基本内涵是选择若干大都市区或者增长核心区，进行重点开发，使之成为带动相关大区域经济发展、平衡全国区域经济空间格局的国家级区域经济增长极；促进这些国家级区域经济增长极与所在大区域的经济联系网络、空间组织网络的发育，逐步实现经济一体化；促进国家级区域经济增长极之间的经济联系网络、空间组织网络的发育，以便在各大区域之间建立经济发展的关联互动机制，逐步实现全国区域经济的协调发展"。由此不难看出，区域经济网络在多极网络空间发展格局的形成和发展中具有十分重要的作用。

　　当前，区域经济网络已经成为现代区域经济研究的一大热点（桑曼乘、覃成林，2014）。在研究方法上，由于区域经济网络是一种复杂网络，现有研究主要采用了复杂网络的分析方法。在区域经济学中，引入复杂网络分析方法研究区域经济网络，具有以下特点：首先，在经济学的分析框架下，经济活动参与者的决策以最优化条件作为决策目标，即经济网络的形成和演进均决定于经济活动中个体的理性决策。这些个体参与并影响了经济网络的形成和发展。其次，空间因素及空间复杂性在网络分析中占有重要地位。在具体分析过程中应充分考虑到区位、地理环境、空间等因素对经济网络的影响，同时也需要注意经济网络对于上述空间属性的影响。这一点在区域经济网络的演进分析中尤为重要。再次，对于区域经济网络的研究越来越注重其对区域经济活动的优化、经济效用和增长效率产生的影响。在区域经济网络化趋势不断强化的背景下，区域经济网络逐渐成为影响区域竞争力的重要因素，因此，区域经济网络对于区域经济增长及效率、区域稳定性等问题的研究逐渐得到重视。最后，与其他研究领域有所区别，区域经济网络本身具有一定的抽象性，对于区域经济网络的研究也是从多个视角展开的，涉及区域经济增长、区域贸易、区域交通发展、区域产业发展、城市经济等领域。

迄今为止，国外关于区域经济网络研究逐渐形成了两条路径。其一，揭示区域经济关系中网络的组织和协调作用。其二，研究作为网络参与者的个人或者企业、机构等如何进入网络，塑造网络的结构，以及推动网络向更高阶段的演化。沿着这两条路径又形成了四个研究领域。即定义和描述区域经济中存在的各类复杂网络；研究创新网络、产业网络、城市网络、企业网络、贸易网络等不同形式网络的形成与演化；分析网络所产生的区域经济增长效应；揭示网络上的动力学行为，特别是知识、技术等要素在区域经济网络中的流动和扩散。这些研究丰富了网络分析方法在经济学中的应用，对于拓展区域经济研究领域、创新研究方法和促进理论发展等具有重要意义。

下面将从空间关系与经济网络、区域经济网络研究的现状、区域经济网络的增长效应、本书关于区域经济网络分析要点四个方面来阐述区域经济学中网络分析方法的意义及研究前沿，对其研究动态进行梳理，从而为本书有关内容提供理论上的支持，同时也助于读者更好地理解多极网络空间发展格局的内涵。

二　空间关系与经济网络

本部分探讨的是多极网络空间发展格局这一概念中的两个重要组成部分，空间和经济网络。两者共同体现了多极网络空间发展格局的内涵，一方面，多极网络空间发展格局强调的是区域经济发展中经济活动分布、演进的空间关系，是一个区域经济学研究的问题；另一方面，经济网络是多极网络空间发展格局区别于其他概念（类似于多中心、增长极等概念）的关键，体现了分析我国经济增长格局的网络视角，也是本书诠释多极网络空间发展格局的特有视角。

（一）概念界定

首先讨论空间这个概念。空间这一影响经济活动分布的因素在经济学中得到了越来越多的关注，与之相关的空间经济学近些年来也得到了快速的发展。2008 年诺贝尔经济学奖获得者克鲁格曼在其《纽约时报》的专栏上，将空间称为"经济学研究中最后的前沿"[①]。经济学中的空间概念起源于地理学，其关注的是经济活动在不同空间位置上带来的空间阻隔。在古典区位论、新经济地理模型中，常用运输成本刻画空间位置因素对于经济活动的影响。具体来说，在传统的经济学个体决策最优化方程中，引入多个区域，并通过运输成本影响产品在不同区域销售的价格，从而引起最优化方程的变化。这一思路是很多模型中对于空间关系的处理方法（如 Krugman，1990；Baldwin and Forslid，2005）。简而言之，经济学中的空间关系强调空间距离带来的运输成本，以及运输成本对于经济活动的影响，其核心与地理学中的空间关系本质上是相通的。

　　除了空间这一概念外，在进行后续阐述之前，有必要对本文使用的关于网络分析的几个概念进行梳理。（1）复杂网络。我国著名的科学家钱学森先生对于"复杂网络"进行了初步的定义：具有自组织、自相似、吸引子、小世界、无标度中部分或全部性质的网络称为复杂网络。在学术研究中，复杂网络这一概念的提出标志着网络分析方法的开端。这一概念在多个学

---

　　① http：//krugman. blogs. nytimes. com/2008/03/11/economics - the - final - fron-
tier/.

科得到了应用，其特征主要包括以下三点：小世界特征、集群特征以及幂律的度分布概念。（2）社会网络。社会网络是指社会个体成员之间因为互动形成的相对稳定的关系体系，其关注的是人们之间的互动和联系，社会互动会影响人们的社会行为（罗家德，2010）。作为社会学中的重要概念及分支，社会网络及其分析方法起源于复杂网络，并在其基础上结合社会学的研究特点进行了调整。其核心理论基础是与"复杂网络"中小世界特征相似的六度分隔理论。（3）经济网络。经济网络是复杂网络在经济学中的应用，其研究对象包括经济活动中的个体、城市、区域乃至国家等不同尺度的活动单元，除了复杂网络的特征外，其也有着自身的特性，主要包括多维度、自组织性等特点。总的来看，复杂网络、社会网络以及经济网络主要是网络分析方法在不同学科上的应用，其核心内涵具有相通之处，这也是现有研究中以上三种概念均大量存在的原因。

（二）经济网络：给空间新的内涵

如前所述，我们给空间、经济网络进行了概念界定。那么，有个问题就摆在我们面前，空间与经济网络又有什么联系呢？我们认为，以多种形式为载体的经济网络拓宽了区域间的空间关系，摆脱了地理位置关系对区域相互作用的制约，为区域间存在的经济联系、溢出效应提供了"渠道"（Channel）。可以说，经济网络为我们更好地理解区域间的空间关系提供了新的视角，有助于我们从更为"经济学"的视野来看待我国经济活动分布的多极网络空间现象。也就是说，经济网络更为直观地反映了经济活动中各个参与者之间的关系，为我们研究多极网络空间发展格局提供了新思路。

对空间关系的关注推动了区域间相互作用对经济活动影响的深入研究。在最初的研究中，对于空间关系的理解正如前文所讲的那样，关注的是区域、城市间地理位置及经济互动带来的外溢效应。国内外很多的实证研究关注了空间位置关系对于外溢效应的影响。在研究方法方面，最有代表性的研究方法就是空间计量方法。Paelinck 和 Klaassen（1979）出版的《空间计量经济学》系统地论述了空间计量经济学的理论框架及相关模型，标志了空间计量经济学的诞生。从此，空间计量方法将区域间的空间关系引入传统的计量经济学方法中，得到了越来越多的重视。Anselin（1988）在其对空间计量经济学的定义中，强调了"由空间因素引起的影响"，认为空间因素需要在计量模型中得以考虑，否则将不满足传统计量经济学的回归条件。

随着空间计量经济学的发展，一些学者对其研究范式产生了争议。这些争议主要集中在空间计量方法对于"空间关系"的定义上。Anselin（2002）强调以实用主义为基础的空间计量方法是典型的数据驱动模式，其方法本身就缺乏理论基础。在实证研究中，很多研究工作更是忽视了对模型背后的经济过程和经济机制的理论化解释，而仅仅依靠简单的模型诊断方法作为评价一个经验模型好坏的标准（田相辉、张秀生，2013）。为解决这一争议，Corrado 和 Fingleton（2012）提出 "Putting some economics into W"，认为在空间计量方法中权重矩阵应更多地考虑区域间的经济联系，而非简单的地理位置关系。进一步，Elhorst（2013）在其空间计量经济学著作中强调，空间计量经济学不仅 "处理不同维度区域的空间关系"，也适用于对 "个人、组织间的关系"。这些观点与本文所提倡的以 "经济网络" 来反映我国经济活动的多极网络空间发展格局本质上是一致的。事实上，在社会网络分析研究中，由于其方程与空间计量模型形式上是一致的，因此，很多模型也采用空间计量分析方法进行回归分析（Topa and Zenou，2014）。可见，使用经济网络来刻画多极网络空间发展格局不仅拓展了 "空间关系" 的内涵，对于我们进一步研究经济网络带来的外溢效应也提供了思路。

网络分析方法为空间计量模型在经济学上的应用提供了新的思路，并且拓宽了原有权重矩阵（主要是反映地理位置关系的权重矩阵，比如邻接矩阵、距离矩阵等）的设置方法。换言之，随着社会网络分析方法与空间计量模型的结合，我们可以在权重矩阵设置上有更多的发挥余地，从而能够更好地刻画经济网络下区域间相互作用对于经济活动的影响，这为研究经济网络对经济活动的影响提供了方法。

三　区域经济网络研究的现状

区域经济体内部存在着广泛而紧密的联系，这些联系通过网络的结构形式表现出来，表现为区域经济联系和区域经济组织的网络化特征。同时，一个区域经济体与其他区域经济体之间的关系也呈现出不断增强的网络化特征，反映了区域间经济活动相互联系、相互依赖在日益增强。网络化已经成为现代区域经济发展的趋势，也是区域经济研究的热点。

（一）区域经济网络与区域增长格局的相关研究

学术界已经就经济网络对区域经济增长的影响开展了富有成效的研究。从现有文献来看，相关研究主要是从以下几个方面展开，并初步揭示了网络对区域经济增长存在正向的促进作用。

其一，考察基础设施网络的空间外溢效应。近年来，这方面的研究在增多。张红历等（2010）使用中国 31 个省市区的截面数据和空间计量模型分析了信息技术与经济增长的空间结构，从信息技术及其空间网络效应两个视角来解释区域经济增长。张浩然等（2012）运用空间杜宾模型验证了基础设施存在空间外溢效应，并分析了其对区域全要素生产率的影响机制。

其二，考察网络结构对区域经济增长的影响。Cowan 等学者（2004）建立了一个知识传播和扩散的网络模型，探讨了规则网络、随机网络和小世界网络中知识传播与扩散的效率。他们发现，小世界结构的知识网络能产生较强的"结构溢出"，推动知识等要素的流动与扩散，能够使网络中人均知识的稳态水平达到最大，从而有利于知识积累和经济增长。郭腾云等（2009）认为，网络不仅是经济发展的一种有效的空间结构，而且，网络所具有的特有功能为区域经济的高效发展提供了条件。即网络通过有组织的连接模式有效地组织和连接节点。

其三，通过分析网络节点的互动及连通性，揭示网络对区域经济增长的作用机制。这又分为两条路径。一是运用流空间理论开展网络与城市发展研究。Capello（2000）用因子分析法测度网络外部性对城市发展的影响，发现网络外部性随着城市节点的增多而上升，网络节点的连通性与节点表现水平之间存在一种明显的正相关关系。Taloy（2001）根据生产性服务企业之间经济联系的"流"数据建立了一个城市连锁网络，通过以企业服务价值等级产生的城市连锁网络模型来反映城市对外联系的强度，揭示城市节点在整个网络体系中所处的地位和功能。结果表明，在城市网络体系中处于核心地位的世界性城市（巴黎、纽约、伦敦、东京等）都具有较高的连通性。这种连通性反映了城市具有较高的经济发展水平和发展潜力。Meijers（2005）认为，城市网络能够增加城市中的经济主体相互发现和合作的机会，降低交易成本，形成协同效应。尤其值得注意的是，Boix 等（2007）认为，城市的网络效应是城市经济增长的另一个重要因素，经济增长不仅受一个城市内部因素的影响，也受城市之间经济联系、相互作用的影响。他们认为，传统的新古典模型在解释经济增长时有一个明显不足，即忽视了空间联系和网络所具有的经济优势。为此，他们采用空间增长模型，将产出的决定因子分为内部经济、外部集聚经济和外部网络经济三个部分，来分析城市网络的增长效应。结果表明，城市网络有效地促进了知识的增长和技术的进步，进而推动了城市经济的增长。二是运用 SNA（Social Network Analysis）分析方法，从微观企业的视角来研究网络所产生的溢出效应。Lenchner 等（2012）研究了网络效应与集群企业行为表现之间的关系，以及企业在区域网络中的位置对企业表现的影响。结果表明，在区域网络中企业的连通性、网络位置与企业的表现高度的正相关。网络中的支配型企业较容易通过网络中的"结构洞"获取更多的竞争优势。由此可见，企业组织或城市组织之间的网络作为空间关联性和空间结构的表现形式，对经济增长有重要意义。

（二）城市网络的相关研究

在区域经济网络研究方面，城市网络成为研究热点。对于城市间联系的研究可以追溯到克里斯塔勒及廖什的中心地理论。不过，他们都强调了城市间的等级关系，认为城市间的关系是固定不变的，这显然与现实经济存在较大的差异。Taylor 等（2007）认为第三次科技革命带来的信息化时代极大地突破了地理空间对于城市联系的限制，促进了城市间的相互作用，进一步加强了全球化趋势。Taylor 指出城市具有双重特性，除了其自身的经济属性外，城市间的关联、互动是城市存在与发展的第二性。城市间的互相联系为要素和经济活动的流动提供了可能，城市间的相互作用也促进了先进生产力在空间上的传播。

随着城市经济学的发展，一些学者提出了城市网络的概念，通过对城市网络的研究来弥补已有理论的不足。Williamson（1979）认为，相对于交通网络等有形网络而言，城市间的经济网络具有无形、动态可变等特征。对于城市中的企业而言，经济网络可以使用"交易合同""固定的合作"等方式来表示，而这些看不见的网络是城市经济活动的重要组成部分。Batten（1995）指出，在城市网络模式下，城市群具有"存在两个及以上独立且规模相似的城市，城市间合作紧密，经济联系密切，具有强联动性、节点性，以及双向流动"等网络特点。根据Economides（1996）的研究，垂直关联的产业或经济网络结构具有明显的网络特征，其相关主体间相互联系紧密，关联呈现出网络化，节点数目及节点间关联程度的变化对于经济网络整体的变化具有显著的影响。以因特网发明人麦特卡夫命名的麦特卡夫定律（Metcalfe's Law）表明，网络中节点数目与节点质量的变化将引起网络价值呈现出指数幂的变化。

城市群的网络特征通过城市间的集聚及城市群的辐射扩散来体现。吴启焰（1999）认为，城市群具有"经济地理网络"特征，并以此网络为基础，形成城市间的人口、物质、信息等多方面的交流。Meijers（2007）研究了城市群的空间分布格局，对比分析了中心地理论与城市网络模型，并以荷兰为例研究了医院、职业教育在城市间的分布，发现医院的分布契合城市网络模型，其在各城市间分布具有互补性，而职业教育的分布特点并不明显，但总体上使用网络模型来描述城市群是更为恰当的。Goei 等（2010）认为，随着城市群功能多中心主义的发展及城市网络概念的完善，传统的中心地概念逐渐过时，对城市群的研究应更多地关注城市间相互依存、纵横交错联系的网络特点。他们使用改进的引力模型方法，通过对 1981—2001 年英国大东南部地区通勤模式的研究，发现虽然英国大东南部地区尚未形成完善的城市网络，但城市网络已经初具规模，网络体系逐渐建立。Levinson（2012）研究了美国城市群的交通网络结构特征，其结果显示城市群的网络规模与交通网络发展状况呈现出正相关的关系，城市群往往出现在交通网络的核心位置。

综上所述，可以发现对于城市群的网络关系描述，现有文献突出强调了城市间的关联性、节点性、经济活动及相互作用的双向性，以及城市在功能上的互补性。因此，在研究城市群的问题时，有必要考虑城市群内部城市间的经济网络特征，并且在实证分析中考虑这一问题。

（三）区域经济网络的测度方法

如前所述，网络分析法是一种针对关系数据的跨学科分析方法，近些年来在研究国际贸易网络、金融一体化、区域经济等问题上得到了广泛的应用（Schiavo et al.，2010；Cassi et al.，2012；李敬等，2014）。网络分析方法作为测度区域经济网络的重要方法，具有两个特点：（1）从分析方法上来看，网络分析方法与传统的计量分析方法有着根本的差异，这主要体现在其使用的数据为反映网络中节点间联系的"关系"数据，而传统计量方法常用的数据则为反映节点个体本身属性的属性数据。（2）从分析结果来看，网络分析方法更注重对于网络结构的揭示，其关注的是网络中个体、集群间的相互关系。

在具体应用中，网络分析方法主要从以下两个方面来反映区域经济网络的结构特征：一方面，使用网络层级图的方法直观地展示区域经济网络的联系情况；另一方面，通过计算网络结构的相应指标来揭示整体网络及网络中各个节点的网络特征。参考刘军（2004）及罗家德（2010）的研究，我们梳理了在本文中所使用的网络指标。具体包括反映网络整体状况的网络密度、关联性指标，反映网络结构的中心性指标等两大类（详见附表3－1）。

附表 3 - 1　　　　　　　　　网络分析常用的指标

名称		定义	计算公式	意义
网络密度		节点间的实际联系数与整个网络中关系总数的理论最大值的比	$D_N = \dfrac{R}{[N \times (N-1)]}$ R 表示网络中的实际联系数，N 为网络中的节点数量	网络密度越大，说明经济网络的等级越高，其对区域经济活动的影响也越大
关联性分析		关联性分析主要关注的是网络本身的稳健性和脆弱性，反映了网络中各个节点的关联情况，有助于分析网络中各个节点的"团结"情况	$C_N = 1 - \dfrac{V_1}{N \times (N-1)/2}$ V_1 表示网络中不可达的点对数目	关联度越高说明各个节点越平等，网络的发展也不易受个别节点的影响
度数中心性	出度中心性	该节点发出关系的能力	$C_{O,i} = \sum\limits_{j=1, j\neq i}^{N} l_{ij} \Big/ (N-1)$ l_{ij} 表示节点 i 指向节点 j 的联系强度	出度中心性越高，说明该节点发出关系的能力越强
	入度中心性	该节点接收关系的能力	$C_{I,i} = \sum\limits_{j=1, j\neq i}^{N} l_{ji} \Big/ (N-1)$ l_{ji} 表示节点 j 指向节点 i 的联系强度	入度中心性越高，说明该节点接收关系的能力越强
介数中心性		通过测度一个节点在多大程度上位于其他节点的"中间"，从而反映节点对于网络中资源的控制能力	$BC_i = \dfrac{2\sum\limits_{j}^{n} \sum\limits_{k}^{n} b_{jk}(i)}{N^2 - 3N + 2}$, $j \neq k \neq i$ 节点 j 和 k 之间存在的捷径数为 g_{jk}，节点 j 和 k 之间通过节点 i 的捷径数量为 $g_{jk}(i)$	介数中心性越高，则节点对于网络中资源的控制能力越强

名称		定义	计算公式	意义
接近中心度	出接近中心性	反映了一个节点在发出关系时不受其他节点控制的程度	$CC_{O,i} = (N-1)\left/\sum_{j=1,j\neq i}^{N} d_{ij}\right.$ d_{ij}表示节点i到达节点j最短路径的步数	出接近中心度越高，说明该节点在发出关系时越不受其他节点控制
	入接近中心性	反映了一个节点在接收关系时不受其他节点控制的程度	$CC_{I,i} = (N-1)\left/\sum_{j=1,j\neq i}^{N} d_{ji}\right.$ d_{ji}表示节点j到达节点i最短路径的步数	入接近中心度越高，说明该节点在接收关系时越不受其他节点控制

四　区域经济网络的增长效应

从微观视角来看，在经济网络的作用下，经济活动中个体的理性决策将受到与其相联系个体的影响。这些影响因素主要体现在个体间决策的相互作用上，它们可统称为社会网络因素（一个简单的例子，潮流观念、新闻传媒、流行疾病的传播都受社会网络的影响，这些传播在联系紧密的个体间传播更为迅速）。基于个体间相互作用的微观视角，经济网络影响了经济活动参与者的经济行为，进而对于整体经济产生了影响。那么，经济网络对于区域经济增长的作用是如何形成的呢？有学者认为，网络联结了区内和区际的经济活动参与者（包括个人、群体、企业、产业、城市或其他集体性的社会单位），并通过一系列的关系纽带或者链条，使知识、资本、信息等要素，以及资源和商品在区内、区际流动及组合（Aoyama et al.，2010）。通过这些机制，经济网络塑造了多极网络空间发展格局并影响其演变。

在探讨网络对经济增长的作用时，已有文献使用了网络效用（Network Effects）、网络外部性（Network Externality）或网络经济（Economies of Network）来描述经济增长中网络的作用。关于网络外部性或网络经济问题，最早起源于对交通网、电信网等有形物理网络价值的研究。Katz 等（1985）用网络外部性表示由整个网络的用户数量决定的正的消费外部效应。这个定义侧重于消费者的角度，指出消费品的效用会随着消费者数量增加而增加，新加入的消费者给原有消费者带来正的外部收益，表明原有消费者在享有网络内部性的自有价值的同时，获得了由新增用户带来的网络外部性的协同价值。Cabral 等（1992）用消费效用方程定义了网络外部性。由于消费效用方程是相互依赖的，一个潜在参与者的加入取决于网络参与者的数量，数量越多，对潜在参与者越有吸引力。Economides（1996）把生产外部性称为网络经济，意指随着网络参与者数量的增加，投入要素的成本下降而导致的产出增加。Capello（2000）则认为，通过参与网络，节点可以利用补充性关系和合作行为来获取规模经济效益和协同（Synergy）利益，降低不确定性、风险和信息不对称。从中可以发现，尽管这些认识并不完全相同，但都强调了网络能够带来规模经济和协同利益。前者主要产生于网络参与者数量上的增加，表现为网络节点数量的增大。后者的产生可以归结为网络节点之间的联系和合作增强，反映在具体的数值属性上就是网络节点的连通性增强。而且，网络中节点的连通性与发展水平之间的正相关关系也得到了研究者的验证（Alderson et al.，2004）。

借鉴已有研究成果，我们认为，应该从总体上把网络对区域经济增长所产生的作用概括为网络增长效应，它是指一个区域经济体的经济联系网络、经济组织网络、空间联系网络对其经济增长所产生的积极促进作用。

根据已有研究，我们认为，网络增长效应源于以下几个方面：

第一，提高资源配置效率。经济网络发育程度越高，要素流动速度及频率增加，增大了要素被"发现"和利用的机会，有利于实现资源的优化配置。根据 Metcalfe 法则，网络中节点之间的连接数量为 $N \times (N-1)/2$[①]。网络中每增加一个节点，知识、信息等的传播量都将以幂指数形式增加。当某一节点的某一信息更受关注时，通过网络传导可使网络中的其他节点对该信息产生大量关注，甚至在节点间形成相互影响（Katz and

---

① 当网络为有向网络时，连接总数为 $N \times (N-1)$。

Shapiro，1985）。可见，节点间的经济联系网络、经济组织网络和空间联系网络可以使劳动力、资本、知识、信息等要素以更快的速度在节点之间流动。并且，这种流动不遵循中心地理论的从高等级向低等级中心扩散的原则，而是一种节点间的双向扩散。高连通性的节点将以更快的速度被网络中的其他节点所感知，从而吸引更多的优质资源流入，促进经济更快的增长；同时，经济联系网络、经济组织网络和空间联系网络也将使其他节点以更高的效率接受高连通节点的外部性，并获得高连通节点由于集聚所形成的外溢效应。

此外，经济网络能增大经济主体的活动空间，扩大其市场区，进而提高市场效率。Farrell 等（1985）用市场中介效应（market – mediated effect）来说明由需求网络的外部性引起的扩大市场区域的作用。他们认为，一方面消费者所拥有的产品价值随着另一个消费者对该产品的购买而增加；另一方面当一种产品的互补品（如零件、售后服务等）变得更加便宜和容易得到时，这个产品的市场范围可以得到大幅度扩展。

第二，扩大区域间协同利益。在经济网络的作用下，区域间有着更为稳定的联系，彼此间沟通更为顺畅。相对于经济网络以外的区域，经济网络内区域间有着更低的交易成本，能够实现更大的协同利益。Meijers（2005）将协同利益分为横向协同利益和纵向协同利益。横向协同利益是指节点之间的简单合作行为产生规模效应，进而出现正外部性；纵向协同利益则是指网络节点之间的分工和专业化行为，根据节点的能力进行资源的重新配置，每个节点将资源集中于与其能力相匹配的核心活动，从而产生正外部性。不管是横向协同还是纵向协同，其直接的效果是经济主体之间的交易成本下降。

第三，增大规模经济。从规模经济看，随着网络节点增加，网络的生产力将成倍增长。规模效益在物质网络中（如电信网络、电力网络）表现得尤其明显，它是由于网络节点的增加导致的投入要素成本下降和产出增大（Economides，1996）。Lenchner 等（2012）验证了产业集群网密度越高，网络中的大多数企业就越能分享更多的共同利益，从而产生影响企业竞争力的区域竞争优势。

第四，促进区域创新。这一点主要体现在经济网络下各个区域间的非市场相互作用（Non‐market interaction）。非市场相互作用主要指经济网络下各个区域间不能通过货币来衡量的交往活动。区域创新活动涉及企业、大学、研究所、金融机构、地方政府等多个区域经济活动主体。创新能力和创新生产力的实现离不开创新主体间的交流，而现有的交流方式往往超越了地理距离的限制，更多地通过经济网络的联系开展交流和合作。因此，经济网络在资源配置、协同利益、市场效率、规模经济方面的作用可以提高这些区域经济活动主体的活动能力，促进它们之间的结合，从而有力地推动区域的创新活动。

第五，提高区域弹性（Regional Resilience）。区域弹性衡量了一个区域在受到外部冲击后回归其平衡态的能力。在经济网络的作用下，网络增加了区域经济主体联系的多元化和复杂性，从而有利于提高区域经济的系统性及稳定性。区域经济作为一个复杂的经济系统，可以通过经济活动参与者之间的不同关系抽象出中经济联系网络、经济组织网络，空间联系网络。这三类网络的存在强化了经济主体之间有形和无形的联系，增强了区域经济联系的多元化和复杂性。同时，与中心地理论中的等级结构相比，网络结构具有更好的稳定性。区域经济的系统性和稳定性因网络的存在而提高。

五　本书关于区域经济网络的分析要点

在经济新常态下，研究我国的区域经济网络，对于形成多极网络空间发展格局有着重要价值。如前所述，多极网络空间发展格局的发展离不开经济网络的作用。正是经济网络使得经济空间中的"多极"与经济网络紧密地彼此连接，从而形成多极网络空间发展格局。换句话说，多极网络空间发展格局里的"多极"绝不是孤立的，而是紧密联系在一起的，这种联系通过经济网络得以实现。这就是为什么我们在分析和构建多极网络空间发展格局时不能忽视经济网络的作用。

结合前文对多极网络空间发展格局的分析，我们认为，对于我国区域经济网络的分析应从以下几个方面展开。

首先，选择具体的并且重要的区域经济网络类型。经济网络这一概念具有一定的抽象性，对其描述和阐释需要我们使用现实经济中一些具体的网络形式进行替代。对于这些网络的选择，我们主要考虑到了以下几个方面。第一，这些网络在经济发展中起着重要的作用，扮演着不可替代的角色。第二，这些网络对于经济活动空间的塑造有着重要的影响。我们可以通过这些网络的特征状况对我国多极网络空间发展格局进行判断。第三，这些网络对于我国未来经济网络格局的演变具有引导性的作用。我们可以通过分析这些网络的发展状况对未来多极网络空间发展格局进行预测。基于这样三点，我们重点关注了交通基础设施、企业、信息三个方面的网络发展情况。这三种网络形式很好地满足了上述要求，能够用来分析我国的多极网络空间发展格局。

其次，定量分析网络化程度和网络结构特征。与传统的分析方法关注属性数据不同，对于网络的分析侧重于网络中各个节点间的关系。这对于我们理解我国多极网络空间发展格局是很重要的。传统的分析方法关注的是某个城市自身的发展状况，比如自身的经济发展总量、交通基础设施投资额等信息，能够一定程度上反映其在某一区域经济发展中的地位。但这种分析方法缺乏对于城市间互动关系的关注，所呈现出的结果并不能完全反映其在经济网络中的真实地位。此外，对于网络格局的刻画需要更多的结构信息，比如城市经济网络中哪些城市扮演着"中间人"的角色，哪些城市又形成了"小团体"，这些信息对于我们更好地认识城市在经济网络中扮演的角色和作用有着重要的价值。因此，对于我国多极网络空间发展格局的分析有必要借助社会网络分析等方法，通过计算相关网络指标来揭示我国的多极网络空间发展格局。

最后，区域经济网络分析应注重与网络图、地图的结合，更为直观地反映我国多极网络空间发展格局。在网络分析中，网络图常常与网络指标相结合来展示网络结构。在本文的分析中，结合网络图能够更直观地展示各个经济网络的发展现状。此外，将网络图和地图结合能够为我们探索我国经济网络的空间布局提供更好的指引。

根据以上思路，我们重点对我国的快速交通网络、信息网络和企业空间组织网络进行了分析。具体的分析结果请参见本书的主体部分。

参考文献：

郭腾云、徐勇、马国霞等：《区域经济空间结构理论与方法的回顾》，《地理科学进展》2009 年第 1 期。

李敬、陈澍、万广华等：《中国区域经济增长的空间关联及其解释——基于网络分析方法》，《经济研究》2014年第11期。

刘军：《社会网络分析导论》，社会科学文献出版社2004年版。

刘军：《QAP：测量"关系"之间关系的一种方法》，《社会》2007年第4期。

罗家德：《社会网分析讲义》，社会科学文献出版社2010年版。

覃成林：《中部地区经济崛起战略研究》，《中州学刊》2002年第6期。

覃成林：《国家区域发展战略转型与中部地区经济崛起研究》，《中州学刊》2006年第1期。

桑曼乘、覃成林：《国外区域经济研究的一个新趋势——区域经济网络研究》，《人文地理》2014年第3期。

田相辉、张秀生：《空间外部性的识别问题》，《统计研究》2013年第9期。

吴启焰：《城市密集区空间结构特征及演变机制——从城市群到大都市带》，《人文地理》1999年第1期。

张浩然、衣保中：《基础设施、空间溢出与区域全要素生产率》，《经济学家》2012年第2期。

张红历、周勤、王成璋：《信息技术、网络效应与区域经济增长：基于空间视角的实证分析》，《软科学》2010年第10期。

Alderson, A. S., Beckfield, J., Power and Position in the World City System, *American Journal of Sociology*, 2004, 109 (4): 811 – 851.

Anselin, L., Under the Hood Issues in the Specification and Interpretation of Spatial Regression Models, *Agricultural Economics*, 2002, 27 (3):

247 – 267.

Anselin, L. , *Spatial Econometrics*: *Methods and Models*, Kluwer Academic Publishers, Dordrecht, 1988.

Aoyama, Y. , Murphy, J. T. , Hanson, S. , Key Concepts in Economic Geography, *Sage*, 2010.

Baldwin, R. , Forslid, R. , *Economic Geography and Public Policy*, Princeton University Press, 2005.

Batten, D. , F. , Network Cities: Creative Urban Agglomerations for The 21st century, *Urban Studies*, 1995, 32 (2): 313 – 327.

Boix, R. , Trullén J. , Knowledge, Networks of Cities and Growth in Regional Urban Systems, Papers in Regional Science, 2007, 86 (4): 551 – 574.

Cabral, L. , Leita, A. , Network Consumption Externalities: the Case of Portuguese Telex Service, *C Antonelli*, 1992.

Capello, R. , The City Network Paradigm: Measuring Urban Network Externalities, *Urban Studies*, 2000, 37 (11): 1925 – 1945.

Cassi, L. , Morrison, A. , Ter Wal, A. L. J. , The Evolution of Trade and Scientific Collaboration Networks in the Global Wine Sector: a Longitudinal Study Using Network Analysis, *Economic Geography*, 2012, 88 (3): 311 – 334.

Christian, L. , Christophe, L. , The Competitive Advantage of Cluster Firms: the Priority of Regional Network Position Over Extra – regional Networks – a Study of a French high – tech Cluster, *Entrepreneurship and Regional Develop-*

ment, 2012, 24 (5): 1 – 17.

Cowan, R., Jonard, N., Network Structure and the Diffusion of Knowledge, *Journal of Economic Dynamics and Control*, 2004, 28 (8): 1557 – 1575.

De Goei, B., Burger, M. J., Van Oort, F. G., et al., Functional Polycentrism and Urban Network Development in the Greater South East, United Kingdom: Evidence from Commuting Patterns, 1981 – 2001, *Regional Studies*, 2010, 44 (9): 1149 – 1170.

Economides, N., The Economics of Networks, *International Journal of Industrial Organization*, 1996, (14): 673 – 699.

Elhorst, J. P., *Spatial Econometrics*, Springer, 2013.

Farrell, J., Saloner, G., Standardization, Compatibility, and Innovation, *Rand Journal of Economics*, 1984, 16 (1): 70 – 83.

Faust, K., Wasserman, S., Block Models: Interpretation and Evaluation, *Social Networks*, 1992, 14 (1 – 2): 5 – 61.

Freeman, L. C., Centrality in Social Networks: I. Conceptual Clarification, *Social Networks*, 1979, 1 (3): 215 – 239.

Girvan, M., Newman, M. E. J., Community Structure in Social and Biological Networks, Proceedings of the National Academy of Sciences, 2002, 99 (12): 7821 – 7826.

Katz, M. L., Shapiro, C., Network Externalities, Competition, and Compatibility, *The American Economic Review*, 1985, 75 (3): 424 – 440.

Krugman, P., Increasing Returns and Economic Geography, *The Journal of Political Economy*, 1991, 99 (3): 483 – 499.

Levinson, D. , Network Structure and City Size, PLoS ONE, 2012, 7 (1): e29721. doi: 10.1371/journal. pone. 0029721.

Luisa, C. , Bernard, F. , Where is the Economics in Spatial Economics? *Journal of Regional Science*, 2011, 52 (2): 210 – 239.

Meijers, E. , From Central Place to Network Model: Theory and Evidence of a Paradigm Change, Tijdschrift Voor Economische en Sociale Geografie, 2007, 98 (2): 245 – 259.

Meijers, E. , Polycentric Urban Regions and the Quest for Synergy: Is a Network of Cities More than the Sum of the Parts? *Urban Studies*, 2005, 42 (4): 765 – 781.

Paelinck, J. , Klaassen, L. , *Spatial Econometrics*, Saxon House, Farnborough, 1979.

Schiavo, S. , Reyes, J. , Fagiolo, G. , International Trade and Financial Integration: a Weighted Network Analysis, *Quantitative Finance*, 2010, 10 (4): 389 – 399.

Taylor, P. J. , *Cities in Globalization*, London and New York: Routledge, 2007.

Taylor, P. J. , Specification of the World City Network, *Geographical Analysis*, 2010, 33 (2): 181 – 194.

Topa, G. , Zenou, Y. , Neighborhood Versus Network Effects, *Handbook of Regional and Urban Economics*, 2014, 4.

Williamson, O. E. , Transaction – cost Economics: the Governance of Contractual Relations, *The Journal of Law and Economics*, 1979, 22: 233 – 261.

后　记

今天是国庆节。中华人民共和国已经走过了波澜壮阔的 67 年发展历程。在经济发展方面，中国已经是世界的第二大经济体，继续保持着世界经济发展引擎的地位。今年 9 月召开的 G20 杭州峰会试图为处于困境的世界经济指明方向、规划路径，中国经验和方案在其中发挥了引领作用。作为一名中国人，作为一个研究区域经济的学者，笔者以祖国取得的伟大发展成就而自豪，同时，也对祖国走向世界经济中心的前景充满信心。

目前，中国经济正处在结构调整的关键时期。如何调整经济结构，形成新的增长动力和发展格局，是摆在中国经济发展面前的一个重大问题，也是一个必须完成的重大发展任务。其中，调整空间结构是整个经济结构转型所必须重视的一个领域。2015 年，《中共中央关于制定国民经济和社会发展第十三个五年规划的建议》提出"拓展区域发展空间"，把空间结构调整作为培育经济发展新动力的首选途径。那么，如何调整空间结构呢？这正是我们区域经济学人需要探讨的重大现实问题。

在 20 世纪 90 年代后期，笔者观察到中国经济空间结构正呈现出"多极网络"发展的特征。在增长极方面，由改革开放之初的珠三角单极格局演进为珠三角、长三角、环渤海等多个增长极并立的格局。在区域经济联系方面，网络化趋势日趋明显。而且，"多极"与"网络"表现为共生关系。21 世纪初，笔者在讨论中部地区经济崛起及全国区域发展战略转型时，提出了"多极网络空间发展格局"的初步设想。2007—2011 年，笔者与暨南大学校长胡军教授共同主持了国家社科基金重点项目"构建中国特色区域协调互动发展机制研究"。在这项研究工作及成果中，笔者进一步强调了以"多极网络"作为全国经济空间结构调整的模式。但是，这些认识总体上还是较为简单的。2012 年开始，笔者主持了国家社科基金重大项目"高铁快速发展背景下区域经济协调发展及相关政策研究"。在这个研究工作中，笔者及项目组主要成员在高速铁路对中国经济空间结构所带来的影响，以及中国经济空间结构将会出现的趋势等方面获得了新的认识，更加坚信"多极网络空间发展格局"将是未来中国经济空间结构的演进方向。今年上半年，在贾善铭博士的推动下，本书作者集中时间撰写了《多极网络空间发展格局——引领中国区域经济 2020》研究报告。5 月 29 日，"首届中国区域经济发展高层论坛"在暨南大学召开。在这个论坛上，笔者作了"多极网络空间发展格局——引领中国区域经济2020"发言，并与来自中国社会科学院、中国人民大学、国务院发展研究中心、中国科学院、南开大学、兰州大学、武汉大学、上海财经大学、新疆财经大学、北京信息科技大学、暨南大学等单位的著名区域经济学家进行了讨论。会后，多家媒体对我们提出的"多极网络空间发展格局"观点做了报道。本着进一步征求各方意见的愿望，本书作者决定将这个研究报告公开出版。我们希望本书能够为国家和地方制定区域经济发展战略、政策等提供参考，为有关的学术研究提供一种观点。

本书由笔者与贾善铭、杨霞、种照辉共同撰写。其中，笔者撰写了第一篇、第二篇的第一部分，以及第三篇的第六部分和第七部分。贾善铭博士撰写了第二篇的第二部分、第三篇的第一部分和第二部分，以及附录1。杨霞撰写了第二篇的第三部分、第三篇的第三部分，以及附录2。种照辉撰写了第二篇的第四部分、第三篇的第四部分和第五部分，以及附录3。笔者完成了全书的修改和统稿工作。值得一提的是，贾善铭博士是暨南大学经济学院的青年教师，杨霞和种照辉是暨南大学区域经济学专业的博士生。他们为本书的研究和撰写付出了多方面的努力和热情。没有他们的贡献，本书是不可能完成的。郑州市规划勘探设计研究院的唐永工程师绘制了本书的所有地图。

正是他的贡献，使本书"多极网络空间发展格局"的构想得以直观的呈现。另外，暨南大学区域经济学专业的博士生龚维进、任建辉帮助审阅了本书的初稿，提出了修改建议。暨南大学区域经济学专业的硕士生刘佩婷帮助校对了书稿。本书的出版工作得到了中国社会科学出版社李庆红编辑的大力支持。在此，笔者对他们的贡献、帮助和支持表示衷心的感谢！

在类型上，本书是一个战略研究成果，旨在表达作者对中国经济空间结构调整方向的认识。总的来看，这种认识仍然是粗浅的，许多地方尚需推敲和进一步研究。因此，我们热切地期待各位读者不吝赐教。

中国正在朝着"两个一百年"宏伟目标前进。追溯自19世纪中叶至新中国成立中华民族所遭受的苦难和不屈的抗争，回顾20世纪50年代以来新中国为独立自主发展的求索和遇到的曲折，以及改革开放以来中国所取得的巨大进步和经济社会繁荣，笔者深感生活在这个时代是幸运的、幸福的！在本书中，笔者坚信中国重回世界经济中心地位是大势所趋。为目睹这一天的到来，为迎接这一天的到来，本书作者将以创新知识、提供决策建议等方式履行作为区域经济学人的时代责任。

覃成林

2016 年 10 月 1 日　于广州